すべての女は、自由である。

カラーズ代表取締役
経沢香保子

ダイヤモンド社

はじめに

すべての女は、自由である。

この本を手に取ってくださって、本当にありがとうございます。著者の経沢香保子です。

みなさんはどんな思いで本書を手に取ってくださったのでしょうか。

女性が輝く時代とはいうものの実感がない。周囲にロールモデルがいないから、どうやって幸せになればいいのかわからない。漠然と将来が不安だ。仕事ばかりの人生をおくっていたら、パートナーに出会えるのだろうか。育児や仕事の両立って本当に大変そう。そんな不安を感じている方も多いでしょう。

それでも、私が声を大にして言いたいこと。

それは**「今の日本の女性は間違いなく自由に向かってる」「だから、もっと自由を、人生を謳歌してほしい」**ということ。

今、日本の女性は過渡期を生きています。

一昔前は、結婚して専業主婦となり、子どもを育て上げることこそが、女性にとってわかりやすい幸せのパターンであり、ロールモデルでした。

でも、今は、必ずしもそうではないのです。

仕事で活躍するもよし、結婚してもしなくてもよし、離婚も再婚も、以前より認められやすくなりました。むしろ仕事においては、以前なら昇進昇格は男性のものでしたが、今、同じレベルの同僚がいたら、昇進させたいのはむしろ「女性」です。一人でも多くの女性管理職をつくりたいと職場は焦っているからです。

なので、育児支援に対しても、国も職場も、そして家庭も徐々にかもしれませんが進化しています。

つまり、私たちは以前より「選択肢が広がった」のです。それもすごいスピードで。

でも、だからこそロールモデルはいないのです。時代の狭間だから存在しないのです。

もしかしたら、選択肢が多岐にわたったから、「結婚と仕事のどっちに重きを置けば幸せになれるのか？」「育児と仕事はどんなふうに両立するのが将来のためなのか？」そう考えすぎて、「ロールモデルがいないから不安」「ロールモデルがいないから、どう生きてゆけばいいかわからない」そんなふうにあきらめを感じる人も増えているようです。

でも、発想を転換させてください。

「ロールモデルがいない」というのは「こうあるべき」といった指標がないぶん、「自分らしく生きていい」「自分の選択肢で幸せを掴み取っていい」ということなんです。

もう、ロールモデル探しはやめましょう。ロールモデルを追いかけるのではなく、私たち一人ひとりが、オーダーメイドの人生を大切に創りあげればいいのです。自分らしい生き方で輝けばいいのです。

好きな生き方が認められるようになった時代の自由を謳歌しましょう。

この本ではそのための考え方を書きました。

ここですこし、私の自己紹介をさせてください。私は、1973年、団塊ジュニア世代として千葉のごく普通の家庭に生まれました。末っ子だった私は、家族の中で一番発言力がなく、父親には「自由に生きるには、まず自立することだ」と言われて育ちました。

「自立ってどういうこと？　自分の思うように生きるにはどうしたらいいの？」そう考え続ける少女でした。

まず、そのためには「力をつければいいのではないだろうか？」そう仮説をもって、真剣に勉強を始めてみました。そして、就職活動では、氷河期の中、「力がつく会社」を選ぼうと、男女平等の環境で働けるリクルートの営業職を選びました。その後、これからはインターネットを使えばもっと人生は豊かになるのではと考え、もっと力がつきそうな創業間もない楽天へ転職し、新規事業の立ち上げに携わります。

そのままの流れでいつしか自宅の一室で26歳のとき、起業しました。当時若い女性社長が珍しく注目され、おかげさまで、女性マーケティングの事業が時流に乗り徐々に会社を拡大することができました。

また、女性としても、31歳、32歳、35歳と3回の子宝に恵まれ、仕事と子育ての両立にいろいろなノウハウを自分の中に積み上げることができました。そして、2012年には当時女性として最年少で上場を実現するまで、仕事でも成果を上げることができました。

力をつけることを最優先で追求し、そんなふうに、やっと手に入れた自立と自由ではありましたが、そのプロセスの中では、たくさんの壁がありました。自分の最愛の子どもを病気でなくしたこと、二度の結婚と二度の離婚でシングルマザーになったこと。自ら創業した会社を苦渋の決断で辞めることになったこと。たくさんの困難にぶつかりました。

今思うと、不必要な衝突や、不必要な壁があったと思います。ずいぶん遠回りもしてきて、周囲を傷つけてきたこともあったかもしれません。

この本は、みなさんが同じように「自由に自分の人生を創り上げたい」と考えたときに、私の通ってきた道を5倍速くらいのスピードで歩けるように、ぶつかりやすい壁や落とし穴にはまらないように、不必要なけがをしないように、私自身の経験をもとに、私が試練に立ち向かいながら、つかみ取った学び。「もし、あのときこのような考え方をしていたらこんなに苦労しなかっただろうな」と思うようなこと、一つひとつの具体的な経験を振り返りながら、当時どうして失敗したのか、どうやって立ち直ってきたのか、心から絞り出すように、丁寧に書き綴りました。

私はこの本が出版される数日後に、43歳になります。

昔は40代なんて完成された大人と思っていました。でもまだ旅の途中、いや人生はずっと旅の途中なのだと思います。そして私は、人生は年を重ねれば重ねるほど、自由で透明で自分らしくなっていくと実感しています。まだこれからもより魅力的に創り上げていきたいと思っています。

一度きりの人生、この自由な時代、選択肢が豊富な時代に女性として生まれた幸せを最大限享受し、最高の人生を創り上げる一助に、この本が少しでもお役に立てればと思っています。

Contents

はじめに
すべての女は、自由である。……1

chapter 1
自分らしい人生の創り方

1 オーダーメイドの自由な人生は、経済的自立心から始まる。……16
2 やりたいことに素直になろう。未来を変えるのは自分の行動だけ。……21
3 理想の会社も社会も自ら創る。評論家ではなく実行者になろう。……27
4 「性別は関係ない」。リーダーとしてがんばる女性に伝えたい。……32
5 女性だから、という理由で諦めない。実力を発揮できる場を選べば、性別に関係なく認められる。……37
6 世間や他人の声に左右されない。自分のキャリアは自分で決める。……43

7 ブランドではなく自分らしさで選ぶ。仕事にも恋愛にも「我慢料」なんていらない。……48
8 母でも、自分らしく堂々と働いてほしいから、育児でつながる社会を目指す。……53
9 古い母親像にとらわれないで。育児も自分らしくコーディネートしよう。……58
10 昭和の育児スタイルに縛られなくてもいい。新しい常識にふれる勇気を携えよう。……64
11 正社員ポジションを手放さないで。必ず「辞めなくてよかった」と気づく日が来る。……73

chapter 2 自分の心と徹底的に向き合う

12 1日10分でもOK。ひとり時間を確保しよう。……80
13 モヤモヤとストレスは成長のヒント。書き出すだけで好循環が生まれる。……86

14 自信がなくたって、やりたいことは口に出す。次のステージに上がるために。……92
15 本心を犠牲にしない。最優先すべきは自分が本当にやりたいこと。……97
16 「どうせ～」は、成長できない人が言う言葉。劣等感をポジティブな未来に変換しよう。……101
17 幸せを掴み取れる人は、依存を断ち切れる人。……107
18 なんでもいい、一番を目指してみる。自分の価値を高められるのは自分だけ。……113
19 嫌なことは栄養。乗り越えるだけ人生が磨かれていく。……119
20 周りに愛を与えられる「お花畑力」をつけよう。最速で幸せになるために。……126
21 「人生がわかるのは、逆境のときよ」つらい経験を乗り越える度に人は輝きを増す。……131
22 苦しい経験こそ、本質への近道。……137

chapter 3

23 失敗から立ち直るプロセスこそ、人生の財産になる。……142
24 いつでも再出発できる自分でいよう。何歳からでも人生はやり直せる。……148

心地良い人間関係を築く方法

25 苦しいときこそ笑おう。笑顔で元気にふるまえば、状況も空気も明るく変わる。……156
26 ほめることは、器が大きい証拠。だからもっとほめよう、エピソードを添えて。……163
27 〝好かれたい〟を捨てて。人間関係の断捨離期は誰にでもやってくる。……168
28 「すべての人に信用されたい」は不可能。一人に認められなくても人生は終わらない。……173
29 あえて敵を作る必要はない。争いは無意味だから。……178

chapter 4

自分だけの美しさをつくる

30 人生から悪口を排除しよう。代わりに発するのはプラスの言葉。……184
31 自分に足りないもの、失敗の原因を自問自答する。その時間が人間をアップデートさせる。……190
32 人の言葉よりも行動を見よう。すべては自分から始まる。……196
33 女性の美しさとは、積み重ねた経験から湧き出るもの。だから、年齢という概念にとらわれない。……202
34 髪、肌、体型を整えよう。しなやかな美人は自分でつくれる。……208
35 美しいボディライン、筋肉こそ極上のドレス。ファッションやメークよりも体作りに力を入れよう。……213

chapter 5

自分らしいパートナーシップの作り方

36 自分が自分らしくいられる男性が理想のパートナー。……222
37 恋愛も結婚も、選ばれるのなんか待たずに自分から。……227
38 彼に尽くしたり、合わせたりするより、理想の自分を追求し続ける女性が、輝く存在になれる。……232
39 他人に依存してキラキラ輝くなんて虚しい。自ら光を放つ人生を送るために心を磨こう。……237
あとがき 今はまさに「女性の生き方」が変革のとき……242

chapter 1

自分らしい人生の創り方

1/39

［自由になるためのルール］

オーダーメイドの自由な人生は、経済的自立心から始まる。

chapter1-1

自分らしい人生の創り方

1億円あったら女は自由になれる？

私がその仮説を思いついたのは、小学4年のある夏の日。場所は実家のリビングだった。電卓を手に、目を輝かせて計算する変わり者の少女は、「女性が輝く社会」を創るため、女の自由、そして家族の自由のためなら挑戦する女起業家になった。

ごく普通の家庭に育った。自営業の父、専業主婦の母、そして自分と姉の4人家族。朝から晩まで私たち姉妹に精一杯の愛情を注ぎ、育ててくれた母が私は大好きだった。不満を口にすることもなく、家事も育児も常にパーフェクトな、専業主婦の鑑のような彼女。憧れていたし、私も将来結婚して、子どもを育てたいと素直に思っていた。


一方で、家庭の中で奥さんが旦那さんをたて、お伺いをたてるという大人の社会のシステムには、ちょっぴり疑問を感じていた。学校のホームルームでは、男子・女子関係なく、意見のある人が手を挙げて多数決で決まる。でも、どうやら大人の世界は少し違うみたい。

不思議だなー、といつも感じていた。ある日、そのときはやってきた。ピアノを習いたいと思った私は、まず母に相談した。すると母は、「いいじゃない、素敵」。しかし、その後いつもどおり「まずは、お父さんに聞いてみましょう」という言葉。仕事から帰宅した父に、切り出した。

「ピアノ、習ってもいいですか？」。父は少し考えたのち言った。「だめだ」。どうして？と問うと、「お父さんが、そう決めたから」。

我が家はいつも父の意見が法律だった。経済的な柱が父だから当然だと思って育ったが、やはりちょっと不満があった。父の言うことは正しいかもしれない。でも、自分に選択肢がないのはつまらなかった。

幼い頭で一生懸命考えた。私なりに欲しいものがあり、やってみたいことがある。それらをすべて叶えるには、どうすればいいのか？　この先結婚しても出産しても、一生自分の好きな生き方をするには、どうしたらいいんだろう？

そして出した仮説が、「1億円あったら女も自由になれる！」だった。私は決めた。結婚するまでにできるだけの貯金をしよう。

当時の金利は約7％（そもそも、なぜかお金のことに興味と知識を持っているヘンな子どもだった)。電卓を出し、計算を始めた。たとえば1億円の貯金があれば、利息が毎年約700万円。それだけあれば、なにかあったとき、出産や育児を手伝ってくれる人を雇うこともできる。経済を旦那さんだけに頼らずとも、余裕を持って、自分のやりがいのために仕事ができそうだ。

経済的に自立すれば、自分の人生を自分で決められる。好きな生き方を決められるに違いない。そう考えると、すごくワクワクしてきた。なんだか背中に翼が生えたみたいな気分だった。

その瞬間から、猛烈に勉強を始めた。結婚するまでに1億円貯金するには、まずはいい学校に入ることだと。

大人になってからは、いろいろなことがあった。いつしか低金利時代に突入、1億円を貯めようとしたこともすっかり忘れていた。ただ、自立心だけは育っていった。

起業した。最年少上場企業女社長となり、自らの会社に150億円の値がついたこともあった。

結婚も出産も、離婚も、子どもとの死別も経験した。
傍から見たら得たものも失ったものも人一倍多い、波瀾万丈の人生だろう。
きっとこの先も山あり谷ありだろう。でも、これだけは自信を持って言える。私は、自由だ。

少女のあの日、一番欲しかった「自由」。それは、1億円ではなく経済的自立心というマインドだった。いつでも稼げる力をつけるという覚悟だった。それがあれば生きていける。自分の人生は自分で創るという生き方を選んだから。お金じゃない、自立の覚悟、それが、自由への第一歩。

message
1

いつでも稼げる力をつければ、自由な人生は自分で創れる。

2/39

［自由になるためのルール］

やりたいことに素直になろう。未来を変えるのは自分の行動だけ。

２０１４年の夏は、地獄のような日々だった。

自分がゼロから創り上げ、上場まで果たした会社を退任することになり、最後の株主総会の頃だった。きちんと出席し、株主の皆さんに自分の言葉で退任の挨拶をしたいとの要望もすんなり受け入れてもらえず、最後までもめにもめた15年目の勤務最終日だった。

たった一人でスタートし、まさに自分の全部を注いで頑張った。仲間と資金を必死で集めて、なんとか上場を果たし、やっとこれからというときだったのに。

誰にも見送られず、最終日たった一人で会場を後にする自分。感慨もなく、タクシーを拾うまでとぼとぼ歩いた。今年の夏みたいに暑くて、日差しがとても眩しくて、目黒雅叙園の緑が目に痛いほどで、泣くに泣けない気分。私にはもうなにもなくなった。

なんでこうなったんだろう。あのときのあれだろうか。あそこでこうすればよかったのか。反省マニアのように自分の精神を苦しめる日々だった。

ある日ふと思った。「あれ、私なにやってるの？」

毎日自分を苦しめて、全然楽しくない。私はあの場所にもう一回戻りたいと思っているわけじゃない。過去を美化しようとも思ってない。ただ幸せに生きていきたいだけなのに、後ろばかり振り返っている。誰かの役に立つ人生を送りたいだけなのに。

こんなふうに立ち止まっているのは自分らしくない。反省ばかりしたってなにも生まれない。一度失った「形」は取り戻せないのだ。

「そうか、やりたかったことをやればいいんだ」

その人らしい人生はやりたいことの羅列だ。**人生は未来に向かって広がっていくもの。今日からやってみたいことを全部やって自分らしさ全開の人生をもう一度スタートしよう。なりたい自分、理想の人生、もともとあったイメージを行動によって具体化すればいいんだ。**そんな基本姿勢を今さらながら思い出した。

その日から失った時間を取り戻すかのように行動しまくった。

まず、美容院に行った。トラック1台分断捨離もした。すっきりした髪と部屋にして、再びトレーニングを始めて体力をつけることにした。子どもとのコミュニケーション方法も変え、家族も大切にした。友達のお祝いがあれば駆けつけたり、花を贈ったり、食事に誘ったりした。大切にしてくれる旧知の仲間に加え、新しい交流がスタートした。

新会社を設立し、仲間を募った。ずっとやりたかったベビーシッター事業をスタートした。経営基盤を安定させるためのお金の勉強もして、運用も管理もプロのアドバイスを受けて取り組んだ。

思いきってオフィスも構えた。自分のこだわりの詰まった新しいオフィスは六本木にした。生活環境も見直して、私も会社の徒歩圏内に引っ越し、仕事に集中できるスタイルを構築した。

カラーズの設立1周年記念パーティーを開催したとき、悪夢のような日々から1年経ったことに気づいた。今は毎日が充実している。1年前には一人だったけれど、今は10人の社員とインターンと日々来訪者がある、毎日笑いが絶えないオフィスにいる。社員からサプライズでメッセージをもらって本当に泣きそうになった。素晴らしく充実した1年だった。

「日本にベビーシッターの文化を」に共感する仲間は理念が一致しているので、迷いなくチームでサービス向上に集中している。

ゼロから始めた「ＫＩＤＳＬＩＮＥ（キッズライン）」は、理想の状態に向かう途中だけれども、最近は、毎日のようにお客さまからの感謝の声が届くようになり、口コミと手応えの実感が私たちのエネルギーになっている。

子どもと社員と大切な人と、そして、育児をしているすべての親御さんと、私には幸せにしたい人たちがたくさんいる。女性がより輝く社会にしたいと心から思い、アイデアは湧き出る。だから毎日やりたいことには事欠かない。

1年なんてあっという間だ。**行動すれば、たった1年で人生はこんなにも変えられるんだ。**きっともう1年経ったら、もっともっと誰かの役に立つ事業になっているはず。3年目も4年目もそれ以降も。だからこれからも毎日未来を見て、自分らしさ全開で進んでいきたい。

挫折から立ち直るのも、未来を変えるのもすべて、他でもない自分にしかできないことなのだから。

2 message

どん底から見るべき景色は まったく新しい希望とあらゆる可能性。

3/39

「自由になるためのルール」

理想の会社も社会も自ら創る。評論家ではなく実行者になろう。

毎日電話が鳴り止まなかった。2000年にIT業界の起業ブームに乗り社長になった私は、26歳の女性社長という珍しい存在のおかげで多くの取材を受けた。

そして「どうやって起業したんですか?」と女性たちからの相談攻めに。彼女たちは仕事とプライベートの両立に悩んでいた。「社長」になれば自分の好きな仕事ができ、成功すれば経済的にも時間的にも自由になれる。そう、起業とはワークスタイルのみならず仕事もお金も自分で生み出す、究極にオーダーメイドな生き方なのだ。相談すべてに答えたくて開講したのが「女性起業塾」。〝年商1億円、年収3000万円を自分らしいオンリーワンビジネスで目指す〟。そんな手法を提唱すると、テレビ局がこぞって取材にきた。塾に通えない人のために『自分の会社をつくるということ』という本を書いたら飛ぶように売れ、ビジネス書では異例の10万部のベストセラーに。ますます注目が集まった。

当時アラサーの私に、テレビ・新聞だけではなく女性誌の取材まで殺到したとき、「女性の起業はブームになる」、そう確信した。そして冒頭のごとく、トレンダーズのオフィスは講座申し込みの電話が鳴り止まない事態に。「女性起業塾」は半年待ちの人気となった。やがて卒業生は2000人を超え、日本一の女性社長ネットワークへ。彼女たちは助け合い励まし合い、マスコミを賑わすほどの女性社長を数多く輩出した。

リーマンショックで起業ブームに陰りがさした一方、当時トレンダーズはブログマーケティング事業が大ヒット。上場の準備もあり「女性起業塾」は一旦停止に。

その後、39歳でマザーズに上場した私は当時最年少女性上場社長となり、ミニスカートで東証の鐘を思いっきり鳴らし再びマスコミの注目を集めた。上場企業4000社のうち、女性社長は24人。IT業界に絞るとたった3人だった。今度は女性上場社長を増やすべきと考え、出資する側に回った。

そして2014年。トレンダーズを退任して15年の社長人生に幕を閉じた。小さな会社の頃は悩みながらそれなりに楽しめた社長業も、上場を機に景色が一変した。

ハイキング気分からエベレスト登山くらいの緊張感と厳しさ、心労が続き眠れない日々。こんなにも命をすり減らし、まさに心血を注いだ私の大作。でも先頭に立って自分の足で進み続け、目にした光景は爽快で最高だった。

事情により万感の思いでその作品を手放した。当分休もう。よくやった。達成感は大きかったが、大変すぎて二度と起業なんてするものかと決意した。

そんな私が、舌の根の乾かぬうちに2回目の起業をしたのはなぜなのか、自分でも正確にはわからない。ただ、2000年当時のような熱狂が現在のIT業界にある。ソーシャルメディアやスマホの普及でビジネスの機会が広がった今、再びの起業チャンスが来ているのだ。試しに自分のブログで仲間を募集すると100人もの人がエントリーしてくれた。

私の人生のテーマ「女性が輝く社会」を創るには育児支援が足りないと、ずっともやもやを抱えていた。だったら私がやろう。肩書きを失った私にあるのは起業家としての使命感だった。

ネットの良さをフル活用して、経営者の実績と経験と私財をすべて投じよう。Facebookの実名性や利用者の口コミ評価を活かし、中間マージンを排除することで安さを追求し、スマホの即時性を活かした安全・便利なベビーシッターサービスを。お子さんの命をあずかるという大変な分野だけれど、やるなら1回目より難しくて、社会のインフラとなるようなサービスに挑戦したい。日本にベビーシッターの文化が根付くまでやろう。

ただの評論家にはなりたくない。**なにかを変えたかったら自分が立ち上がろう。理想とする人生は自分で創る。理想とする社会すら自分たちの力で創りたい。社会に共感され、愛され、前に進み続ければ、いつかそれは実現するはず。**立ち上げた新サービス「キッズライン」は今山を登り始めたばかり。進み続ければ、いつかまた見たことのない素晴らしい景色が目の前に広がり、私たちの夢が叶うと信じている。

message 3

本当に欲しいものこそ自分の手でつくろう。

4/39

［自由になるためのルール］

「性別は関係ない」。リーダーとしてがんばる女性に伝えたい。

「出資先とモメている」「部下との関係が悪化した」「年上の部下に気を使う」――起業家や管理職として活躍する若い女性たちから、そんな相談をよく受ける。

今までいろいろな女性たちを見てきた。部下からの人気を得ようとして、個人的な相談に親身になりすぎたり、度を越した要望に応じたりするあまり、木を見て森を見ず、チームや組織全体の指揮をとれなくなるケースは少なくない。

本来ならば強く言うべきときにも、気を使って思いを溜め込んでしまい、ひどい場合にはうつになってしまう女性もいるほどだ。

なぜ彼女たちはうまくいかないのか。原因を紐解いてみると、チームや組織のトップに立つ彼女たちが、メンバー一人ひとりに嫌われたくなくて、気を使いすぎてビジョンやすべきことを明確に提示しないために、周りがついていけなくなるのだとわかる。

そもそも、**リーダーとして仕切る女性たちは「皆とうまくやりたい」「現在の地位を手放したくない」といった思いを優先してはいけない。**上司と部下の関わりには一線を画しておくべきだし、リーダーはメンバーを率いて成果を出すことにコミットする義務がある。組織の調和を乱さないことは大事だが、だからといって個人的な要望を優先するわけにはいかない。

私も悩んでいた。前の会社では「男性みたいになっている」と思われるのが嫌で、包み込むようなやわらかさでマネジメントしようと努めていた時期。笑顔を保って、ソフトな雰囲気を作ろうと努力したが、なかなか答えが見えなかった。周りに気を使いすぎて、結果的に組織を壊してしまった。

トップであるにもかかわらず、毅然とした態度を貫けずゆらいでいた私を、マネジメント層の女性社員たちは見て、その姿勢を真似していたとしたら彼女たちにも申し訳ないと思うし、もしそれで組織がゆるんだなら、大失敗になろう。

もちろん、トップであろうと、やさしそうな雰囲気を醸し出すのは大切だ。必要以上の緊張感はマイナスだからだ。でも、ニコニコするだけは実にならない。思いをズバッと伝えられないくらいなら、強面でいる方が何倍もマシだ。

厳しいことを言うようだが、自分が周囲に好かれたいからといって、本来言うべきことを言わない姿勢は、会社に対しての背徳行為にもなりかねない。マイナスの評価を受けるに値するとも思う。根本に「嫌われたくない」気持ちがあるのはわかるけれど、すべての人に好かれようとしても、物事はうまく進まない。組織のミッションに従わない人には嫌われても良い――そう思うくらいでありたい。

軸を貫くためには、「嫌われても構わない」という強い意思を持ってほしい。気を使う＝美徳だと捉えるのは間違いだ。マネジメントの一手法として気を使うことはあっても、「気を使うから～を言えない」となるのは本末転倒だと、失敗を経てきたからこそ思う。

ここまで経営者・管理職クラスの女性たちについて言及してきたが、部下を持つワーママだって全く同じだ。「時短で働かせてもらっているから」と遠慮して、部下に対して強く言えない女性は多い。でも、それはおかしな話だろう。時短だろうがなんだろうが「抜擢されて部下を抱えている」ことに変わりはない。

「自分が時短勤務をしているせいで、周囲に迷惑をかけているから」と縮こまってしまうと、チームは余計にボロボロになってしまうだろう。前みたいに成果を出せていても、あるいは出せていなくても、部下に指示するのが管理職に与えられた役目なのだから。どうしても「指示を出すのがつらい」「部下を持つのがしんどい」という状況になれば、上司や社長に相談すれば良い。

日本で女性管理職の割合が30％になったとき「女性管理職なんて、所詮その程度のものだ」となってしまうと、世の中全体がゆるんでしまい、プラスの結果をもたらさないと思う。もちろん、いろいろなタイプのリーダーがいてもいい。それでも譲ってはいけないラインはある。舐められてはいけない。**毅然とした態度を貫き通す姿が、進むべき方向をしっかり示すことがリーダーに求められている。**

message 4

軸を貫けば、マネジメントで悩むことはなくなる。

5/39

［自由になるためのルール］

女性だから、という理由で諦めない。実力を発揮できる場を選べば、性別に関係なく認められる。

「女の子って、そもそも不利じゃないですか」

仕事柄か、女子大学生から就職相談を受けることがある。彼女たちの多くが口にする、この言葉。そこで止まったらもったいないよ、といつも思う。でもその気持ちも、実は経験としてわかるのだ。

就職活動で私が志望したのは大手広告代理店。お給料も良く、ブランド力もある。そこで人の心を動かす仕事がしたかったし、競争率の高い「すごい会社」に行くことは、偏差値の高い「すごい学校」に行くことと同じく、自分の実力を見える形にし、人生の選択肢を増やすことにつながると思っていた。

しかしOB訪問を重ね、違和感を持った。彼らが口を揃えて言うのは、女の子は倍の量がんばっても社内で評価されないということ（もちろん、今は違うと思うが）。派遣で入れば、と言われたこともある。

そもそも、すごい会社に入りたかったのは、社会で渡り合える実績をつくるため。

なのに、評価されるのが難しい前提じゃ、意味がない。気づいた私は、戦略を切り替えた。自分のストーリーは30歳までに一人前になること。だって私は働きながら、結婚も、出産もしたいから。

そう、女には時間がないのだ。

最短期間で、最高の実力をつけられる場所へ。そう考えて就職活動を見直し、出会ったのがリクルート。有名大学の男子学生は、安定した大手企業を選びがちという理由もあり、当時ベンチャー企業だったリクルートは、女性も積極的に採用していた。

OB訪問や人事との面談で言われたのは、「リクルートには差別がない、あるのは区別。重い荷物は女性に持たせられないけど、重い責任は一緒」。つまり、徹底した実力主義。ここで働きたいと思った。

性別を超えた仕事の評価は、結局は結果主義であるべきだと私は思う。リクルートで経験した営業という職種は、その最たるもの。5年目でも1年目でも、もちろん性別も関係なく、売った金額で実力が見える。5年目の先輩と同じだけの結果を出せば、4年間ショートカットできる。そう考えた私は、求人広告の枠を誰よりも必死で売り、MVPを獲った。

飛び込み営業では、女であるという理由で、怖い目にもあった。送ってあげると無理やり車に乗せられそうになったり、部屋からなかなか出してもらえなかったり。でも、そんなときは毅然と「仕事で来ているので」という態度を貫き、一切媚びなかった。逆に、顔と名前を覚えてもらいやすいことは、女性であるがゆえの明らかなメリットだと感じた。

その後、リクルートを卒業し、楽天を経て、トレンダーズを起業した。起業したら、どうせバックがいるのだろうと言われ、悔しいから結果で勝負と、上場も視野に入れた。最年少女性上場社長になったらなったで、枕営業をしたからだの、水着を着て注目されて株価を上げただの、面白おかしい作り話を書かれ続けて呆れる。色気で会社が上場できるなんて、どんな審査基準だ。逆にすごいからもう一回したいくらい。もし、女だからそう言われるのなら、やっぱり社会はまだやっかいだ。

でも、悔しさは、私にとって上質な燃料。理不尽なことがあっても、がんばり続けていたら、いつかオセロがひっくり返るように、向かい風が追い風になるのだ。多くの女性にとっても、きっとそうだと思う。**すべての働く女性に伝えたいのは、実力主義を怖がらないで、ということ。**当初の話に戻るが、女性はどうも実力主義の環境を怖がる傾向がある。でも、私が経験して自信を持って言えるのは、女性のセンスや能力を活かす仕事がしたいなら、いったん結果を出した方が早い。

あなたが今、実力を正当に評価されていない不満があるなら、評価されやすい環境に行けばいい。働く場所は自分で選択できるのだから。結果を示せば人は認めてくれる。次のステージに行ける。**人生を決めるのは、会社ではない、自分の意志だ。**女性だから無理なんだと、自分自身で枠にはまることをやめる。安定は自分の中にどっしりつくろう。自由への最短距離は、そこにある。

message

5

目に見える結果で勝負に挑めば
すがすがしい。

6/39

［自由になるためのルール］

世間や他人の声に左右されない。自分のキャリアは自分で決める。

「いい会社ってどんな会社なんだろう?」

どうせ所属するなら、誰しもが「いい会社」に入りたいのだと思う。学生や転職を検討する社会人と話をすると、やりたいことを優先すべきか、周囲が高く評価する、いわゆる安定した人気会社に行くべきか、といった議論になることが多い。

会社のランキングとなる指標はたくさんある。「平均年収が高い企業ランキング」「働きがいのある会社ランキング」……そして毎年注目されるのが、ダイレクトに「就職したい」という指標である「就職人気企業ランキング」だ。

毎年興味深く眺めているけれども「人気企業に内定・就職・転職すること=素晴らしい」というプレッシャーが若い人たちにあるとすると、少し悲しい気持ちになる。入り口の成功や周囲の評価だけで、長い人生の成功は決定づけられないと思うのだ。

そんななか、『日経ヴェリタス』(2012年3月11日号)において、バブル崩壊後に株価が上昇した会社上位50社が発表された。

たとえば、ニトリは株価13倍超、ヤマダ電機は9倍、日本電産は7倍超と、地方発のオーナー企業が上位にズラリと並んだ結果になる。

バブル崩壊はある意味、そのときまでの経済の成功ルールが形骸化した結果起きた崩壊で、その後は新たなルールが経済を再構築していくのだと考えるなら、企業の規模に関係なく、強い思いを持つ会社が成功する時代がやってきたのではないか。

私が身を置いているＩＴ業界だって、ここ10年で飛躍的に成長している。２０００年前後にたったひとりで、もしくは友人と2人で起業した知人の会社やサービスには、サイバーエージェントやグリー、バイマ、アットコスメなどがある。10年コツコツやり続けていたら上場したというケースが多い。それらを株価の上昇と考えると、まさに成長の可能性は無限大なのだ。


逆に多くの人が信頼する大企業ですら不祥事を起こし、あっという間に崩壊することもある世の中だ。

人口減少に少子高齢化……今までの成長方程式が崩れた結果、安定した経済成長が見込めない。だから、誰も未来なんて読めないし、過去の成功方程式は参考にならない。だからこそ、やりたいことや実現したいことに取り組むべきだ。どうしてもやりたいことなら、どんな困難もプロセスの一部にすぎないし、アイデアは湧き出てくるので、やり続けていればいつか成功するはずだから。

誰かがいいという選択肢を選ぶこと、とくに今まで育ててくれた親が納得する会社を選ぶことは、一見いいことのように思えるが、自分の本意でないならそういった**「他人の視点」で人生を決めるべきではない。**

理由は2つある。**1つめは、自分の人生の決断を他人にゆだねると矛盾が生じ、常に迷いが生まれ、失敗したときに他人のせいにして力がつかないから。**2つめは、**好きなことに取り組まないと人生を後悔するから。**

「やった後悔は日に日に小さくなるけど、やらなかった後悔は日に日に大きくなる」林真理子さんがおっしゃっていたそうだがまったく同感する。人生は一度きりで、主人公は自分だ。自分の信念を貫かないと自分らしい道を創ることはできない。

そして、**私の人生経験上、絶対に正しいと思うのは、「好きなことに全力で取り組めば成果は必ず出る」ということだ。**やりたくない仕事のいいところを無理に見つけて続けるのは、時間のムダになったり、自分の潜在能力を引き出せず機会損失となったりする場合もある。周りに流されると、チャンスを得られないどころか、自分の判断力も磨かれない。

今の時代に安定なんてない。失敗を恐れてはいけない。リスクをとらない成長や成功はない。**やりたいことを実現して成長したい、自分らしい自由な人生を生きたいと思うなら、好きなことができる環境に積極的に飛び込んでみよう。**そうして自分のやりたいことを見つけ続けて、大きなチャンスを掴み取ってほしい。

message 6

人気ランキングにあなたの人生はない。自分の好きを追求しよう。

7/39

［自由になるためのルール］

ブランドではなく自分らしさで選ぶ。仕事にも恋愛にも「我慢料」なんていらない。

chapter1-7

自分らしい人生の創り方

「お給料は我慢料に決まってるじゃん」

就職活動のとき、ＯＢ訪問をした金融系の男性に言われて衝撃を受けた。

「女性は男性の倍がんばっても評価されないよ」

第一希望だった大手広告代理店の営業マンにＯＢ訪問しての第一声、違和感で一気に志望度が下がった。


就職したら1日8時間、月曜日から金曜日を過ごす職場。もちろん生活の糧ではあるかもしれないが、睡眠時間以外の半分近くを費やす「仕事」。私にとっては、自分を形作る人生の一部だ。いい仕事につければ、社会との素晴らしいつながりになるし、自分自身の成長や人生のやりがいにもなり、自分のいい未来を創るきっかけにもなるだろう。人生の可処分時間の約半分を、我慢や忍耐に使うのはどうしても違和感があった。

でも、その金融系の会社も、そして、その広告代理店だって、内定が決まれば周囲から「すごい」と言われ、もしかしたら親を安心させることができるかもしれない。

入社したら、名刺を持ったら、なんだか自分がちょっと立派になったように感じるかもしれない。

でも、そんなの一瞬だ。もって数ヶ月じゃないかな。

時間が経てば経つほど、募った不満は増幅する。「今日も会社に我慢しにいく」「評価されないけれど仕事をがんばる」。そんなことを続けたら、ストレスがたまって、体調を崩しそうだ。そもそも嫌な気持ちがベースにあって、お客さまにいいサービスが提供できるだろうか。誰だって、「本当にこの仕事が好きで好きでしょうがない」という人から商品を購入したいし、「本当に好き」だからこそ、もっともっと工夫しようと夢中になって、仕事のスキルもどんどん身に付いていくのではないか。そして、私は、中学生のときから憧れていた広告代理店や会社の名前が持つブランド志向を捨て、思い切って方向転換した就職活動でリクルートに出会った。女性がありのままに輝いていて、そして徹底した実力主義だった。ここなら楽しく努力を積み重ねられる。そう確信した。そしてそれは間違っていなかった。

仕事だけでなく、恋愛だって同じだ。たとえば、相手の肩書きやステータスに魅かれて付き合い始めたとする（もちろん、それだけの地位の人は、努力したのだから魅力があるのは事実だし、そんな男性と付き合える女性も魅力があるはずだけれど）。

でも、実際に付き合ってみて、それを鼻にかけて、上から目線で「女は浮気くらい我慢するものだ」「女性は男性に尽くすもの」など、そんな自分にだけに都合のいい洗脳や精神的なDVをじわじわ仕掛けてくるような男性はやめた方がいい。素直すぎる女性は「自分には価値がないからもっと努力しなくては」「立派な人とお付き合いできたことに感謝しなくては」と、相手の顔色ばかりを窺いがちだ。かいがいしく世話をするお手伝いさんのようになったり、自分を磨く時間を削ってまで彼中心の人生を送ったり、そんな時間を過ごしていたら、自分らしさを失い、精神だって病みかねないのに。

いい恋愛とは高い地位の人と付き合うことではない。**互いを尊重し合い、慈しみ合い、癒やし合い、そうやって励まし協力し合うから、お互いの人生が発展していくのだ。**

どんなに立派な会社でも、どんなに偉い人でも、表面のブランドだけにひきずられてはいけない。相手に思いやりと優しさ、なによりも誠実さがないと、付き合えば付き合うほど苦しくなるのは自分で、失われていくのは自分の人生だ。

肩書きや地位が人を幸せにするのではなく、自分を受け入れて、尊重してくれる場所や存在が、あなたを本当の意味で安心させ、あなたを本当の意味で奮起させ、あなたが最初に感じた純粋に好きという気持ちを増幅させてくれるのだ。好きという気持ちが大きくなればなるほど、あなたは相手と自分に夢中になり、本当の努力を積み重ね、お互いの輝かしい未来を創るのだ。

一方だけが我慢するような関係は長続きしない。**我慢はあなたからあなたらしさとあなたの人生を奪うのだ。**もっと自分を大切にしよう、もっと自分の人生を生きよう、そして、ブランドやステータスなんて過去の結果にすぎない。未来はこれからで、誰にもわからない。だからこそ、自分の未来は自分で創る覚悟で精神的に自立したとき、本当の運命の出会いが見えてくるのかもしれない。

message 7

忍耐と我慢は必要ない。

我慢の先に自分らしい幸せはない。

8/39

［自由になるためのルール］

母でも、自分らしく堂々と働いてほしいから、育児でつながる社会を目指す。

「子どもは5人欲しい」

幼い頃から、結婚も、子どもも、仕事も全部欲しかった私の発言が、拙著『自分の会社をつくるということ』の表紙に引用されると、賛否両論が巻き起こった。「勇気をもらった」というコメントもあれば「子どもを持てない人の気持ちがわからないなんて最低」と強い筆圧のお手紙もいただいた。

起業したばかりの頃、「女性起業家」という珍しさからか、幸運にもマスコミ取材が多かった。当時、どんな質問にも素直に答えたが、「子どもがいる」ことだけは記事にならないよう気をつけていた。

それには2つの理由があった。一つは「社長なのに育児まで」なんて、経営者の資質とは関係ないから、売りにしたくなかった。そして、もう一つは妊娠中に発覚した長女の難病。「お腹のお子さんが生まれてくる可能性は低く、生まれてきても数日の命。どうしますか?」。お医者さんに出産か中絶かの決断を迫られた、あの衝撃は今でも心に沈んでいる。母としての本能が産むと即答したものの、周囲の大反対にあった。結局、NICU完備の病院で、帝王切開で1500gにも満たない我が娘を抱いたものの、状況を受け止めきれず、子どものことを朗らかに語れない自分がいた。

そこから「子ども5人発言」へと変化するきっかけをくれたのは、ある新聞記者さんだった。「お子さんがいること、それも経沢さんなんです。出産から影響を受けたこと、ちゃんと記事にしたいです」と。

確かに私は第一子の妊娠を機に、女性として大きく変わった。介護が必要な子どもを持ち、今まで交わらなかった世界を多少知った。なんでも努力すれば叶えられるという傲慢さから、人生にはどうにもならないこともあるのだと知った。他人の痛みも前よりわかるようになった。

そして、それは経営者としての生き方や視野の広がりにもつながった。自分の子どもが大きくなったときの社会に想いをはせるようになった。

子どもは一人くらいで充分かなという考えから、許されるならば、できる限り産みたい、子どもがたくさんいる人生を送りたい、そう思うようにもなった。それが冒頭の5人発言につながった。

長女は周囲から多くの愛情を受け、最新医療に助けられ、4歳まで生きた。彼女は研究対象になった。彼女と同じ病気を持つ子どもたちに、彼女の存在が引き継がれている。母としては誇らしい。そして私は、まだ5人の夢は叶っていないけれど、その後さらに2人産み、おかげさまで長男と次女は元気でやんちゃだ。長女の病気によって気づかされ、彼女の命まで生きる覚悟をした私は、この10年間、経営と3回の妊娠、出産、育児にまみれながらも、歯を食いしばって上場も果たした。きっと前より強くなった。全部、長女が導いてくれた。

そして2014年に、新しい事業「キッズライン」をスタートさせた。

現代はママに育児の負担がかかりすぎている。本来、育児はみんなのものだと私は考えている。実際、子どもを1人育てるのには、村1つが必要なほど人手が必要とされるのだから。それなのに、会社では管理職になれと言われ、周囲には結婚しろと言われ、子どもを産んだら完璧な母でいることを求められ、居酒屋に子どもを連れていけばバッシングされ、キャラ弁をつくらなければ肩身が狭い時代になった。

いつか子どもは欲しいけれど、仕事にやりがいを感じていて、キャリアも捨てられずに迷っている。そんな女性たちはたくさんいると思う。私は**新しい育児システムを**

通して、すべての女性が、母になっても自分らしく輝き続ける社会を実現したいのだ。

だから、自分の育児経験をもとに、気軽に安全に安心に、かつ安く育児をサポートできる仕組みをつくった。子どもがつながる。育児でつながる。キッズ＋ラインという名に込めた想い。長女が授けてくれた想いをもとに、これから私は社会に新しい育児スタイルを提案していく。

message 8

理想のママなんていない。
あなたらしいママを追求しよう。

9/39

［自由になるためのルール］

古い母親像にとらわれないで。育児も自分らしくコーディネートしよう。

chapter1-9

自分らしい人生の創り方

「大人になったら、ママより大きな会社の社長になる」

最近の娘の口癖だ。

3回の出産は毎回産む直前まで働いて、産後もすぐに復帰。母親の隣のマンションに引っ越し、ベビーシッターも雇い、保育園の目の前に居を構えた。ありとあらゆる手段を使って、仕事と育児の両立をさせてきた。

専業主婦の母親に時間も愛情もたっぷりかけてもらって育った私が、「小さいときから預けて仕事する罪悪感」がゼロではなかったかと問われれば、答えにくい。でも、女性のライフスタイルもここ数年で大きく変化した。だから、育児スタイルが変わるのは必然の流れだと思う。

日本はかつてない少子高齢化社会に突入した。ますます増加が予想される社会保障費。そんな時代なのに国の借金は1000兆円を超えた。国民1人当たりの借金はなんと約830万円にものぼるのだ。

社会を担う世代は誰か。そう考えたとき、男性だけが働き手ではもう間に合わない。先進国の中で最も女性の大学進学率が高い日本。高学歴で優秀な日本の女性たちの7

割が、出産を機に仕事を辞めてしまう。そう、まだ日本は育児と仕事の両立がしにくい国。女性リーダーが少なくて問題視されている中、女性リーダーが増えるはずがない。誰が本気になって女性が働きやすい社会を創るのだろうか。もはや待ったなしの現状なのに。

子どもが寂しがって泣く、専業主婦の親と比べられる、義母にしつけが甘いと怒られる、そもそも忙しすぎる、子どもの熱が出て会社に迷惑をかける、まことしやかにささやかれる3歳児神話。でも、そもそも、なんで私はこんなに躍起になってるの？このままでいいの？

働くママなら誰しもぶつかる「ワーママの罪悪感」、押しつぶされそうになる育児と仕事の責任、両立の忙しさとのストレス。自分のためだけに働いているわけでもないのに、理解されにくい現状。

ハーバード・ビジネス・スクールの研究結果によると、**働く母親に育てられた女の子は、職場で重要なポジションにつき、自分もワーキングマザーになり、収入も高い傾向がある。**同様に、**働く母親に育てられた男の子は、家事貢献度が高い傾向という**

結果に。見事じゃないか、理想の未来だ。ワーママの娘はワーママに、ワーママの息子はイクメンになるなんて。

そう、日本はこれから、諸外国のように男性も女性もパートナーシップで共働き世帯が中心となる。時代の転換期にいる今のワーママは狭間で悩み、職場でもまだ珍しい扱いづらい存在かもしれない。でも、**間違いなく時代の流れを変える先駆者、未来の家族のあり方を創るマザーなのだ。**

私はいろいろな事情があって専業主婦にはなれなかった。子どもにすべての愛情を注ぐ彼女たちの生き方は女としていつも憧れだ。でも、社会を変えたくて、起業家として生きて、そして子どもを産み続けた。真剣に働く私の背中を見て育った娘。もちろん彼女も寂しいこともあるだろう。携帯を最近持って連絡が頻繁だ。それでも「ママが大好き、ママが憧れ、だからママを超える女性になる」それが口癖の娘を見ると、心から嬉しいと思う。

時代は変わった。昭和は終わった。今は平成だ。忙しければ育児を外注しよう、昔の育児スタイルに固執するのをやめよう。昭和スタイルを脱してもいい。育児も自分らしくコーディネートしよう。

女性が家事労働を長時間やっているのは先進国の中で日本だけ。辛くなったら、育児や家事のプロに任せよう。たとえば2人しか育てたことがないママよりも、たくさんの子どもと向き合ってきたベビーシッターはワーキングマザーの力強い味方になるはずだ。ママのストレスを解消するばかりではなく、子どもの感性を引き出すノウハウを持っている。

ママが笑顔になってほしい。ママは家族の太陽だ。心に余裕を持って、旦那さんと子どもに思いっきりの愛情を注いでほしい。


ママのあり方が未来を創るのだ。罪悪感なんていらない。便利なサービスを活用し、プロを味方につけて、新しい育児を取り入れ、自分らしい育児スタイルを見つけよう。笑顔でいることにもっと欲張って、今日も胸をはって凛と立ち向かおう。

9 message

昭和のママじゃなくてもいい、平成らしいママでいい。

10/39

［自由になるためのルール］

昭和の育児スタイルに縛られなくてもいい。新しい常識にふれる勇気を携えよう。

chapter1-10

自分らしい人生の創り方

「仕事帰りの電車の中で、思わず泣いてしまいました」

私たちが運営するキッズラインで初めてベビーシッターを使ったという女性からいただいた、感想メールの冒頭だ。読み進めると、内容は「やはり知らない人に娘を預けるのには、心理的抵抗があり、仕事中も心配でたまらなかった。でも、帰りの電車でベビーシッターさんからの完了報告メールを見た途端、ほっと安心して、嬉しくて、思わず涙が出てしまった」というもの。

ベビーシッターからの完了報告に書かれていたのはこんな内容だ。

「午前中は、ママがいなくなったと分かると泣き、何度か玄関の方へ行こうとしましたが、絵本やおえかき、ボールで遊んだり、アンパンマン車に乗ってお部屋を探検している内にかわいい笑顔を見せてくれました。」

「お昼は12：20頃とっています（お好み焼き3枚）。お昼寝は、14時すぎから1時間半しました。16時におやつ（ホットケーキ1枚）を食べ、その後20分ほど家の前の通りをお散歩しました。」

「小さな石を触って嬉しそうにしたり、青いお花を何度も指差したり、出会ったワンちゃんに触ってみたりと、お散歩をとっても楽しんでいましたよ(^^)」

「ボール遊びでは、『○○ちゃーん！』とボールを転がすとキャッチし、『ちょーだい！』というと、ボールを手から離してこちらに転がしてくれて、キャッチボールのようにできました。

リトミック・音遊びでは、マラカスを気に入ってお歌を聴きながら鳴らしたり、音楽に合わせて歩き、音が止まったら止まるという体験をしました！」

「小さな○○ちゃん、しっかり遊んで待っていることができて、とてもえらかったですよ～♪パパが帰ってきたときには手をパチパチして喜んでいました(^^)ママが帰ってくるのが待ち遠しいでしょうね！いっぱいほめてあげてください！」

「完了報告のメールが、それはそれは愛に溢れていて、一日中しっかり対峙して遊んでいただいた様子、娘の楽しんでいる様子も文章から垣間見れ安堵感なのかよくわからない感情がこみ上げて来て涙がとまりませんでした。

きっと昨日という一日は、娘にとって、たくさん遊んでもらえて素敵な一日だったんだと思います。

こういう思いをもっとたくさんのママに味わってもらいたいし、日本でも早くベビーシッターが文化になればいいなと思いました」（原文ママ）

と綴られていた。

彼女の涙は「彼女の中にあるなにか」を流してくれたのだろうか。多少想像はしていたが、ベビーシッターサービスを提供するようになってより実感したのは、子どもをベビーシッターに預けることに罪悪感をおぼえる女性が予想以上に多いこと。実は喉から手が出るほど使ってみたいが、自分で子どもを見ていない＝育児放棄している、育児に手を抜いている（ように周囲から見られるのではないか）と感じてしまうようだ。

自分の手で子どもを育て上げるのが良い母親だ、という価値観に縛られていたようだ。確かに専業主婦は立派な仕事だ。でも仕事との両立は新しい発想がなくては難しいのではないか。また、自分の母親に育児を手伝ってもらうことが多いと、助けてもらっているがゆえに、母親の育児スタイルを継承し、母親の言うことを聞かなければならない、といった気持ちにもなってしまうそうだ。

確かに、昔は母親の仕事は家事と育児だった。でも、現代では共働き家庭が以前の何倍にも増えた。仕事も育児も家事もこなすとなると、やり方を変えない限り苦行になる。

イクメンも増えてきたのかもしれないが、まだまだ基本的には女性に家庭内のすべての責任が重くのしかかる。仕事でも責任のある立場になり、家では育児と家事もやらなくてはいけない。本当はバリバリ仕事がしたくても、一般的だからという理由で、女性の方が時短勤務というスタイルとなる。だから、めちゃくちゃ集中して仕事を終えて、風のように職場を去り、駆け足で子どもを保育園に迎えに行く。

保育園に行けば荷物をたくさん持ち帰らないといけなくて、重い仕事用バッグと、着替えの入ったぱんぱんの保育園バッグを肩にかけ、子どもと手をつないでスーパーに食材の買い出しへ。

そして、食事を作って食べさせて、お風呂へ入れて、寝かしつけ。21時頃寝てくればまだいいが、すったもんだの末、ようやくできた自分の時間で残務をこなし、しばらくすると夫がほろ酔いご機嫌モードで帰ってくる。わずかに日常の会話をして、早起きして必要なときはお弁当も作らなくてはいけない。……もちろん、これらをすべてこなしても出世するようなスーパーウーマンもいるのかもしれないが、普通に考えれば「なんで自分だけ？」と思ってしまったり、夫と家事・育児の分担でケンカになったりしそうな状況だ。

子どもはいつもマイペースだ。いつも「早く早く」と気が急いている母親、「早く寝かしつけて、残った仕事を終えなければ」と上の空の母親と、いつも一緒に過ごさなくてはいけないとしたら、子どもは心から笑顔になれるだろうか。

だとしたら時折でも、育児のプロであるベビーシッターが、心理学や音楽を駆使して、全力で遊んでくれる時間だって、子どもにとっても楽しい時間になるだろう。その後、心に余裕を持った状態で帰宅した母親から「今日は遊んでもらって楽しかったね。よかったね」と声をかけてもらうのだって、立派な教育であり、育児だ。子どもも嬉しいはずだ。

悲しいことに家庭内の幼児虐待件数は年々増えている。子どもに怒鳴ったり、手を上げたりするのは、親に余裕がないからではないか。自分を犠牲にしている感覚、社会と隔絶されていく恐怖、それらがありながらも、核家族化が進行して、親と子どもが向き合いすぎたあまり、客観性を失い、徐々に冷静さを失うのが一因ではないか。無力で、愛すべき子どもに暴言・暴力を与えていいことなんてひとつもない。それすら忘れてしまうほど、追い込まれて、視野が狭くなっているのは危険な状態だろう。

3歳児神話をはじめとしたステレオタイプなものの見方に縛られるのはもうやめよう。時代が変わったのだ。少し前は「保育園に預けた子どもは乱暴」「保育園に預けるなんて」という議論があったが、いまや誰もそんなことは言わなくなった。

「ベビーシッターにわざわざ頼むなんて」

もうそんな時代ではない。ベビーシッターは育児のプロだ。遊び方も読み聞かせも経験豊富だし、日々多くの子どもと接しているから、一人ひとりの子どもの性質を見極めやすい。「ベビーシッターに育てられたら悪い子になった」という事例があるだろうか。結果なんて誰にもわからないし、人の未来を決めることは、もちろんできない。

人は余裕がないとき、正しい判断を下せない。追い詰められるとマイナスの方向に走ってしまい、結果的に子どもや家庭内、そして自分自身の未来に悪いスパイラルが生まれてしまうのだ。

ベビーシッターに興味はあるのに利用しない大きな理由は、罪悪感だという。子ども自身が「ベビーシッターは嫌だから使わないでほしい」と言うわけではない。親自身が周りから「手抜きしている親」だと思われたくない、といった他人の目を意識している場面も見受けられる。しかし、他人は自分が思うほど、人のことなんて見ていない。

もう、他人の目を気にするのはやめよう。他人は自分の人生に責任を持つわけではないし、世代が違えばわかり合えることも違う。

だから私は育児をするにあたっても、女性がひとりで抱え込むのではなく、積極的に便利なサービスを使ってみようと提案したい。いいサービスを活用するのは素晴らしいことだ。新しい常識はすでに始まっている。それらを使って幸せになっている人はたくさんいる。
既存の常識や人の目に縛られることから卒業しよう。「これしかない」ではなく「こういう方法もある」という視点を持とう。そうすれば、人生はもっとクリエイティブで自由になる。

message 10

**育児は多様化している。
自分たちに合ったものをコーディネートしよう。**

11/39

［自由になるためのルール］

正社員ポジションを手放さないで。必ず「辞めなくてよかった」と気づく日が来る。

「1億円を失いたい？　それとも稼ぎたい？」

ニュースでそんな比較がされていた。30歳で正社員の職を手放した女性は、育休後などにパートで復職したとしても、65歳まで正社員として勤続し続けた女性と比べて、生涯賃金が1億円以上も少なくなるそうだ。

そんな衝撃的な数字が、近年明らかになっているけれど、「一生働くつもりはない」と考える女性はいまでも少なくない。育児支援は徐々に充実してきている。それでも、まだ不十分なところがあるからだろう。「育児は大変だから、仕事との両立は無理だと思う」「結婚したら家事・育児に専念したい」をはじめとして、理由は様々だ。

確かに「出産まで働こう」など、期間を短く区切ることで力を発揮できるのも事実だが、もし「どうせ出産したら（結婚したら）辞めるから」というスタンスで働くとしたらどうだろう。周囲からも「いつか辞める人」と見られてしまうと仕事はやりにくくなるかもしれない、先を見据えた丁寧な仕事、評価される仕事に忍耐強く向き合えるだろうか。

リアルな話をしよう。一度でも正社員の立場を放棄すると、現場に正社員で復帰するのはかなり難しいのが現代だ。パートやアルバイトの職は見つけられても、ルーティンワークが多いかもしれない。正社員時代と比べてやり甲斐を感じづらく、やる気を失う可能性もあるかもしれない。そして、さらに冒頭の「1億円の生涯賃金の差」だ。そうこうするうちに「この仕事も辞めたい」といった負のスパイラルに入り込んでしまうかもしれない。

今、新卒などで入社するのは女性の方が優秀だといわれている。だから、せっかく正社員の仕事をつかみ取ったなら、一生勤め上げるくらいの心意気を持ってほしい。育児期間中は休めばいい。支援も前よりも充実してきている。細く長くでも正社員の道を簡単に外れないでほしい。「子育て期間中は仕事との両立が大変だから、仕事はとりあえず辞めよう」よりも、「育休でも取って、いつかまた復帰しよう」という考え方でもいい。

確かに、子育てをしながら仕事を続けるのは、決して楽なことではない。そして、子育ては、とても素晴らしい仕事だ。でも、やり方次第で、夫婦で協力すれば、いかようにも工夫できる。**大変だと感じるなら無理に「両立」しようとしなくても良いのだ。たとえば、家事・育児をときどき外注するのも一つの手段だ。**

たとえば、子どもが10歳になるまで、毎月10万円外注費がかかるとしよう。それでも年間に120万円、10年で1200万円だ。失う生涯賃金1億円超と比べると、投資と考えていいような気もする。さらに、育児はいまや子ども預かりだけではなく「教育」的観点からも充実している現代だ。働き続けて得たお金で子どもに多くのチャンスを与えられる可能性だってある。そして、母親だって働き続けることで、新たな人生経験を広めたり、自分のやり甲斐を持ち続けられたり、出会いや学びに事欠かない。子どもの教育にも役に立つこともあろう。

現に、いまは女性が社会で活躍するチャンスが、各所に転がっている時代。昔と比べて、昇進・昇格もしやすくなっている。そこにチャンスを見出し、家事や育児をプロにまかせながら、両立していくという道が選択肢に入ってもいいと思う。

育児も素晴らしい仕事だが、社会の中で、自分の仕事を続けていると、「あのとき辞めなくて良かった」と感じるときも多いだろう。パートナーがリストラされたり、病気で倒れて働けなくなったりする可能性は決してゼロではない。そんなとき共働きで稼いでいれば、なんとか生活を維持できる。どちらかが働けない時期でも、大黒柱として家族を支えることができるのだ。

自分が一つひとつ積み重ねてきた実績を中断するのは本当にもったいない。だから「(短期的に考えて)損をするから」「(短期的に考えて)大変だから」「子どものためを思って」と考えて、あきらめてはもったいない。正社員であることのメリットを手放してはいけない。

両立は大変かもしれないけれども、積極的にプロに外注しても、育休を思いっきりとっても働き続けよう。育児もそうだが、仕事も、長く取り組むことが多ければ多いほど、学びも、自信も、そして、信用も、あなたの中にもたらされ積み上がるから。

11

message

経済的自立を手放さなければ、もっと自由に近づける。

chapter 2

自分の心と徹底的に向き合う

12/39

［自由になるためのルール］

1日10分でもOK。ひとり時間を確保しよう。

chapter2-12

自分の心と徹底的に向き合う

「起業したいのですが、彼から反対されて……」

「会社を創りたいのですが、周りが『うまくいくわけがない』と言うんです……」

起業家を目指す若い女性たちから、こんな相談を受けることが多い。

ゼロから起業するよりも、会社勤めを続ける方が安泰――そんな思い込みから、親しい人が起業したいと言うと、反対する人は少なくないだろう。しかし、改めて考えてみてほしい。

彼らの意見に従って、起業するのをやめて今の会社に勤め続けた場合、起業することであなたが得られたであろう利益や幸せを、彼らは補填してくれるだろうか。あるいは、もし現在の会社が倒産してしまったとき、「あのとき起業に反対して申し訳なかった」と、失ったものを補償してくれるだろうか。

答えはノーだ。**他人はあなたの一度きりの人生に責任なんて取らない。自分の人生の責任を負うのは自分しかいないのだ。**

だから本気で起業する気があるなら、自分の意思で前に進もう。たとえ周囲から「起業はリスクが高い」と言われようと、そんなノイズをシャットアウトして、そもそも真のリスクとはなにか、起業は本当にリスクが高いのか、ひとりで冷静に考える時間を確保してほしい。

確かに、人は他者とつながりを持つことで幸福感を得る生き物だ。しかし、誰かと一緒にいることが一番の幸せになってしまうと、他人に合わせることが最優先課題となる。友達と過ごしていて楽しい、会社のメンバーとともにいると面白い、と感じるのもわかるが、自分ひとりの孤独な時間をおざなりにするのは、決して好ましいことではない。

子どもの頃から「他人と協調することが大事だ」と教え込まれて育った日本人は、集団やコミュニティーからはみ出るのを恐れて、自分の考えとは異なる意見でも、なんとなく同調してしまいがちだ。人と協調して生きる姿勢は大切だが、他人と違う自分の意見や考えを封印してしまうと、自分らしい人生を生きられなくなるし、人生を周囲の意見に流されて終えることにもつながる。

他人の意見に振り回されたり、皆が「いい」と言うからそれに従うのはやめよう。それらは自分の思考を停止することになる。

代わりに**自分自身と向き合い、孤独な時間に考えを深めていこう。それは現実と格**

闘する有意義な時間になる。自分で決断したことを実行に移していく――自分らしい人生は、この積み重ねでしか創れない。**ひとりきりの時間を大切に使いながら、個性やオリジナリティを磨くことが大事なのだ。**

私は毎日朝起きたら、ひとりで考えごとをする時間を作っている。**周りの雑音をシャットダウンして、思いついたことをノートに書き続ける「ひとりブレスト」をおすすめしたい。**時間帯は、夜は一日の疲れでネガティブな考えに陥りやすいため、ポジティブなモードでかつ脳内がクリアになっている朝がいいだろう。たった10分書き出すだけでも、いろいろなアウトプットが出てくると実感できるはず。

ランニングしているときや買い物に行くとき、旅行先へ飛行機で移動しているときなど、どんなときでも構わない。ひとりで過ごすタイミングを活用しよう。モヤモヤが心を占拠しているとき、苦しいときこそ他者ではなく、自分自身と向き合いたい。

たとえば人生がうまくいかないとき、自分は「どんな人生を過ごしたいのか」、自分は「誰と人生を過ごしたいのか」、自分はなにに喜びを感じるのか、なによりも自分を知らなければ次の一歩を決めることはできない。だから**常に自分と向き合い、未**

来をイメージする癖は人生を実り多いものにする。

まずは、起床時に昨日の一日を振り返ることから始めてみてほしい。いろいろな角度から、前日に起きたことを巻き戻しながら、再生して俯瞰してみよう。こういったひとりの贅沢な時間を、毎日必ず確保する習慣が大事だ。

ひとりはまったく怖くない。孤独を寂しがるあまり、他人で時間を埋めようとすると、相手の時間を奪うだけではなく、問題に背を向けることになる。その結果、本当に大事なものが見えなくなってしまう。

孤独になれるタイミングは「なにかを生み出すチャンスが来た」「成長できる絶好の機会」と捉えよう。孤独を愛せないままでいると、年齢を重ねるにつれて、徐々に生きづらさを感じ始めるはずだ。ひとりの時間に自分と丁寧に向き合う人が、自分らしい人生を主人公として歩んでゆける。

12 message

ひとりの時間こそ、最高の成長タイムだ。

13/39

［自由になるためのルール］

モヤモヤとストレスは成長のヒント。書き出すだけで好循環が生まれる。

chapter2-13

自分の心と徹底的に向き合う

「86歳男性が80歳男性と老人ホームで生活態度をめぐって口論の末、刺殺」
「86歳の男性が73歳の男性の態度に我慢できず、塩酸らしき液体浴びせる」
そんなニュースを知ったとき衝撃を受けた。近年、ちょっとしたトラブルが原因で勃発する、高齢者による傷害事件が増えているという。もちろんすべての高齢者がそうではないけれど。私はこれまで、高齢者ほど人生を達観し、広い心で出来事を受け入れられるという印象を持っていた。

報道番組でコメンテーターの仕事をしているとき、とくに高齢者の犯罪が増えている理由には、「パートナーに先立たれるなどして孤独な状態が続くと、自分の考えに過度に固執し、客観性を失ってしまう。また、どうにもならない自らの不幸を無意識のうちに他人のせいにし、最悪の場合、罪を犯してしまう。思考が凝り固まると、自分が加害者であるにもかかわらず、被害者意識を持つようにもなるのだ」。そんな解説を聞いた。

まるで、小さなテロのようだと感じた。自分の不幸は相手のせいだから、制裁を加えてもいい、攻撃してもいい、という理屈が成り立つわけがない。とくに失うものがない人ほど走りやすい道なのかもしれないが、そもそも一体なぜそんな発想が生まれてしまうのか。

きっと最初は、些細なことだったのだと思う。なにか嫌なことがあって、不快な感情が湧き起こる。でも、その理由がわからない。いわゆるモヤモヤした状態になるのだろう。次第に、モヤモヤが自分の心全体を襲い、感情をうまくコントロールできなくなる。人間は感情を調整できなくなると、衝動的な行動に走ってしまうと聞いたことがある。

だから、本来はモヤモヤが生まれたタイミングで、どうするのかがカギになる。もちろんすべてがスッキリ解決できる問題ではないけれど、モヤモヤの理由やストレスを、言葉で表現できればいいのだと思う。言語化できないからモヤモヤしているのであって、それを落ち着いて見つめ、書き出す過程で、自分の置かれた状況を冷静に分析できるし、物事を客観的に見られるようにもなる。

最初のモヤモヤをうまく理解すれば、マイナスの衝動を押しとどめることができる。

その結果、対人関係においても、自分の気持ちやうまくいかない理由を表現することで、相手と円滑にコミュニケーションを図り、トラブルが起きても沈静化させられる。

chapter2-13

自分の心と徹底的に向き合う

友達に愚痴を聞いてもらう間に怒りやストレスを発散し、「自分が悩んでいたのは、結局のところ○○だったのか！」と気づいて、スッキリした経験は誰しもあるだろう。それとまったく同じだ。感情を「それって○○ということだよね」と言葉に置き換えることで、なるほどと思ったり、ホッとした気持ちになったりするはず。言葉として書き出す作業はそれと似ている。

とにかく、まずは書き出すことだ。**いらない紙にモヤモヤした感情を書き殴り、破り捨てるのも賢明な方法だと思う。**

ただ、私は**「ブログに書いて人に伝えること」を推奨したい。**

道なき道を進むとき、幾度となく壁にぶつかり、新しいことを始めれば周りから理解されない時期の方が多い人生になる。それでも冷静さを保って前進し続けられたのは、起業してから16年間、毎日ブログに自分の思いをつづる習慣があったからだ。

ブログを書くメリットはいくつもある。まず、**他人に見せる前提で書くわけだから、どんな嫌なことがあっても、前向きな姿勢で「自分が学んだこと」として言葉にできるのだ。**そして、学びを発信することは、必ず誰かの役に立つ情報として広がっていく。

同時に、**自分の思いを言葉にすることで、世界のどこかには自分を理解してくれる人が必ず存在するのだと気づく。**たとえば利害関係が絡みがちな身近な人には理解されなくても、自分のやっていることに共感し、応援してくれる遠くにいるその存在に励まされることもある。最初はたった一人かもしれない。でも、自分の行動に信念があれば、そして継続していけば、必ず徐々に点が線でつながり、いつしか渦になり、そして大きなうねりを生み出すのだ。

これまでの人生において、私は数多くの貴重な経験を積ませていただいた方だろう。それがあったから、一つひとつの経験から多くを学んだし、常識の壁を打ち破りながら、徐々に実績を積み、発言力を持ち、自分らしい生き方を手にしてきたのだと思う。これからも様々な新しい経験をするだろう。だからこそ、そのときどきで感じたことを言葉にして、クリアな観点で冷静に向き合いたいし、そのプロセスを学びとして周囲に伝える役割もあるのでは、と認識している。

なによりも「もっと自由に生きたい」「一度きりの人生を自分らしく生きたい」と

考える女性たちに。自分を解放することで自分も周囲も幸せにしたいと願う女性たちに。私の実体験から得た学びが、もし刺激や勇気、壁を乗り越えるヒントとして彼女たちに届くことがあったら、こんなに嬉しいことはない。

皆さんもまずは始めてほしい。モヤモヤしたときは、言葉にして認識すること、そしてできれば学びとして発信することを。それは必ず世界の誰かに届き、その人にプラスの影響を与える。もちろんあなた自身にも。そう、**モヤモヤは正の循環を作り出す、素晴らしいエネルギー**なのだから。

message

13

自分を知ること、自分を解き明かすことこそ、自由への近道。

14/39

［自由になるためのルール］

自信がなくたって、やりたいことは口に出す。次のステージに上がるために。

chapter2-14

自分の心と徹底的に向き合う

「会社を上場させたいんです」

今から10年前のこと、私がそう口に出すと、ほとんどの人は驚きの表情を隠しもせず、むしろ呆れ顔を見せてくれた。そりゃそうだ、日本の会社は400万社以上あって、上場企業は4000社に満たない。しかも女性社長は約20人。30過ぎの、しかも女性が、その0・09％に挑戦するといっているのだ。

でも私は本気だった。周りの経営者仲間が続々と上場を実現させるのを見て、純粋にカッコいいなと思ったし、自分の生み出した会社を一流の会社にしたかった。だから、私にとっては、上場というプロセスを通過することは自然の流れだった。

そんな折、サイバーエージェント社長の藤田晋さんとお会いする機会があり、「実は上場したいなって思っていて」と、話を切り出してみた。藤田さんがどんな反応をするのか見てみたかった。

藤田さんは、いつもの普段仕様の表情で「へー、いいね。出資させてよ」と言った。今度は、私が驚いた。今までほぼ全員が呆れていたのに、彼だけが私の夢をいきなりぐっと押して、現実のものにしようとしたのだ。藤田さんが出資するとなったら、他社も次々と動き出してきた。そして、私を支援しようとする人や求めていた情報が、続々と集まってきた。確かに、藤田さんは上場を成し遂げた「経験者」だ。自分のやりたいことをその道の経験者に話すだけで、これほど簡単に視野が広がるのかと驚いた。

そういえば、私が26歳で、起業しようとしたときも同様だった。起業経験者の先輩はみんな「いいねー応援するよ」と言って、私の疑問や質問に次々と打ち手を見せてきた。でも、起業したことのない人に言うと「絶対無理、悪いことは言わないからやめな」と親切な否定モードで、それ以上話を聞いてくれる感じでもなかった。

そう、自分と同じ夢を先に実現してきた先輩は、自身も試行錯誤しながら道を切り開いてきた経験があるから、相談者の思いを否定するよりも「じゃあ、〇〇をしてみたら?」「次は〇〇さんに会ってみたら?」と視界を広げて、ヒントをくれるのだ。それらのアドバイスをどんどん行動に移していくと、目標実現の確度はぐんぐん上がっていく。

夢を実現したかったら、同じ夢を実現した人に、話をすればいいんだ。とにかく、

口に出すことが第一歩なんだ。

日本には謙虚さを美徳とする文化がある。だから、たとえ心からやりたいこと、挑戦したいことがあっても、口にしない人が多い。成功確率が低いとか、前例がないとかならなおさらだ。「口に出して失敗したらどうしよう」と無意識に保険をかけたくなる心理も働くだろう。

でも、そこで保険をかけたり躊躇したりするのは、もうやめよう。一度きりの人生だ。夢や目標の大きさはあなたの人生の可能性の大きさだ。口に出さなければ、何も始まらない。でも、口に出した瞬間、思いが外に出て、反応し始めるのだ。すべては「言葉」が先で「行動」が次、そして「結果」は最後だ。

口に出してみて、たとえいい助言にすぐに出会わなくても、絶対に実現してみせるのだと言葉に重みがあるならば、自分の意志が固まり、行動につながり、だんだん周囲も味方になって応援してくれるようになる。自分が目指すゴールにコミットすればするほど、言葉に温度やパワーが付加され、周りの人までも巻き込み熱狂させることになる。そうなれば成功確率は一気に上がるのだ。

折しもいま、女性の活躍を政府も会社も後押ししてくれている時代。いまあなたが仕事で成し遂げたい夢は前より断然叶いやすいし、助言者も多いはず。そして何よりも、大きな夢を持ってそれに邁進するあなたの姿は、後続する女性たちの憧れとなり、次世代を創り上げていくだろう。

最初は小さな目標でも構わない。まずは言葉にしてみよう。誰かに言ってみよう。そうして徐々に行動を起こしてみよう。それを習慣にすれば、きっとあなたは夢を叶える体質になる。

内側からの自信に支えられ、女性としても輝きを増し、10年後は理想の人生を歩んでいるはずだから。

message 14

夢を口に出すことから、すべてが始まる。

15/39

「自由になるためのルール」

本心を犠牲にしない。最優先すべきは自分が本当にやりたいこと。

就職や転職、起業を考える若い人から相談を受けた後、ふと、創業した会社を退任したときのことを思い出した。

「女性」というテーマにフォーカスした事業で影響力があるほど大きな会社やサービスはまだなかった。でも「女性が未来を変える」という感覚は、誰もが潜在的に持っていたものだろう。だから多くの人に「女性パワー」に注目してもらいたくて、なんとか時代を変えたくて走り続けた日々。

最初は苦労の連続だったけれど、あるときから今までの努力の歯車がかみ合い始めたかのように、一気に成長した。そのまま勢いに乗り、2012年には東証マザーズに上場するまでになった。起業したのであれば、お客さまや社員が喜ぶだけではなく、資本市場にも愛されたいと思って創り上げてきた、その結果は心底うれしかった。

でも、上場後は、風向きがすこし変わった。「誰にも損させたくない」。そんなふうに、株主や関係者を強く意識しすぎるあまりに、プレッシャーを必要以上に感じ、理念やビジョンの追求より業績や株価に振り回されることも多くなった。

あの頃の私はまだ弱かった。嫌われたくない、失敗したくない、失望させたくない

chapter2-15

自分の心と徹底的に向き合う

という気持ちが、短期的な焦りにつながり、起業した原点や経営者としての信念を口に出すのを遠慮し、やりたいこと以上に、やらなければいけないことを優先する日々になった。

その状況で新たな発想は生まれづらい。本当にやりたいことをもっと追求すればよかった、思いを貫けばよかったと後悔もある。そういう経営体制を作れなかった自分の経営者としての未熟さが恥ずかしい。

それらの反省をふまえ、カラーズ設立後は、もちろん経営者的視点でお金のことを考えるけれど、数字ばかりにとらわれなくなった。お客さまにとって使いやすいサービスを作りたい。お客さまが喜ぶ機能を追加したい。サービスを利用して幸せになってもらいたい。「日本にベビーシッター文化を創りたい」。最優先するのはそんな思いだ。

お客さまに喜んでいただければ、結果は後からついてくるはずだ。結果が出るのには必ずタイムラグがあり、予想以上に短いことも長いこともあるだろう。それでも、正しいことを追求していれば、小手先ではない正しい結果を導くはず。

もちろん採算を取れる仕組みを構築するのは、企業が発展し続けるために必要不可欠なことだけれど、**事業を立ち上げたばかりの頃は、結果を出そうと焦るよりも理想の姿にこそ目を向けるべきだ。**

自分たちが社会に対して実現したいことや満足度、やり甲斐を第一に考えて動いている。おそらく、その姿勢や雰囲気が社員にも伝わるせいか、カラーズには「仕事が楽しくてたまりません」と言ってくれるメンバーが多い。意識してコントロールしなくても、日々のお客さまからの反応で全員のモチベーションを常に高い状態に保てるという、一致団結した素晴らしいチームができている。

「会社の売上を上げるために働きたい」という人は少ないのではないだろうか。**人のやる気は「誰かのため、人（社会）の役に立つためにがんばりたい」という高く掲げられた志に共感し、その思いから発生するものだと思う。**

message

15

やれることをやるのではなく、理想を追求しよう。
それが自由への近道。

16/39

［自由になるためのルール］

「どうせ〜」は、成長できない人が言う言葉。劣等感をポジティブな未来に変換しよう。

実は中高時代、周囲と比べてあまりお小遣いをもらっていないことに、不満を持っていた。私立の女子高に通っていたので、同級生は比較的たくさんのお小遣いをもらっていたのだろう。下校時にファストフード店で好きなものを注文する同級生の横で、「私はお腹が空いていないから大丈夫」と笑顔でかわす自分がいた。

次第に、彼女たちと一緒にファストフード店に立ち寄りたくないと思うようになったり、お小遣いが少ないから友だちと仲良くし続けられないのではないかと被害妄想を抱いたりするようになった。友だちと不仲になることとお小遣いの額には相関性がないのに。

私の育った家庭は決して貧しかったわけではないけれど、父は倹約を美徳とした。自営業として、一生懸命働きながら、母と私、姉の4人家族を養っていたからだ。教育は投資だから惜しまないと、本だけは好きなだけ買い与えてくれるものの、それ以外では出費に対して厳しかった。

当時の私には考えが及ばなかったが、自分が働き始めてからようやく、仕事でたくさん稼ぐのは大変だと気づいたし、自分で商売をしているのであれば自分の貯蓄を増

chapter2-16

自分の心と徹底的に向き合う

やし、いざというときに会社の運転資金にも充てなくてはならない事情と立場を知った。そして、父への思いは180度変わった。自分が出産してからは、家を購入し、2人の子どもを中学から大学まで私立に入れ、そのために塾に通わせ、一人前になるまで育て上げるために、父がどれだけお金をかけてくれていたのか痛感した。父はすごいなと、感謝と尊敬の念を抱くようにもなった。ひとりで4人を支えるという責任を背負うのは、相当な気苦労があっただろう。

しかし、まだ親の気持ちや思いを想像できなかった頃は、親や自分の生まれた環境に対し、「周りの子は親に〜してもらっているのに」「私は〜してもらっていない」と勝手な比較をして、劣等感を抱えてしまっていたのだと思う。

幼い頃から負けず嫌いで、目指している状態を手に入れたい、現実のものにしたい、という強い願望を持っていた私は、「親にお願いする」という原始的な方法しか知らなかった。「ピアノを習いたい」「留学したい」といったお願いが受け入れられないと、親のせいにしたり、置かれている環境に劣等感を感じたりした。今思うと、本当に親には申し訳ない態度だった。

あるとき、母親から「これからは女性も自立する時代になる」「自分で努力すれば問題は乗り越えられるよ」と教えてもらった。その日から、うまくいかないことを他人のせいにするのは恥ずかしいことだと考えるようになった。いつまでも親が生きているわけではない。私はそれまで恵まれすぎていたのだ。

できないことだらけの人生のままで終わりたくない。

「じゃあ、どうすればできるのか?」――

そんな思考を持つようになった。

環境のせいにする姿勢は、なにひとつプラスをもたらさない。たとえば、ベンチャー企業で働いていて、予算がない、人材が不足しているなど、思い通りにいかないことがあると、「どうせベンチャーだから〜できない」「どうせベンチャーだから〜になっちゃうんだ」と不平不満を口にするのは簡単だ。

でも、それではなにも生まれない。まさに創業間もない楽天時代、三木谷浩史社長は「金がないなら知恵を出せ」と堂々と言っていた。資金がないと嘆いても仕方がないし、そもそも簡単に手に入れば、無意識のうちに無駄遣いするのが人の常。ベン

チャーも人生も、そもそもなにもないところから創っていくのだ。問題の9割はアイデアや発想で資金不足を解決できるのだと、私はそのとき気づいた。

起業してからは、一人ひとりのメンバーが場の価値を上げる役割を持つ組織は強いと知った。たとえ、高い能力を持っていても、努力家であっても、足りないものにばかり目を向けて、自分が所属するコミュニティーを否定するのは、その人の価値も周囲の価値も下げることにしかならないから、もったいないと感じるようになったのだ。**メンバーの一員として全体をレベルアップさせようと、常にポジティブな発想を持ち、ないものを創り上げていくのが真の仲間なのだ。**会社でも家族でも、夫婦でもそれは同じ。そうする方が、お互いの関係性が良くなり、絆が深まり、筋肉質な組織として成長する。進化し続けるチームにはまさにそんな要素がある。

そういえば、周囲の経営者仲間は皆ポジティブで、**「どうせ〜」なんてまず口にしない。常に「じゃあ〜したら?」と発展的な言葉を口にする。**トラブルにさえ興奮して立ち向かうし、ないところから創り出すのが大好きな人たちだ。そうすると、気力や希望、選択肢すら自ら創り出し、多くの人や友人、仲間が集まってくる。

そもそも劣等感は、高い目標から生まれることがほとんどだ。だから、それを発想や創造のきっかけに変えてしまおう。劣等感で終わっていたらもったいない。劣等感は人に枷をはめて、人を不自由にしてしまう。人は最初からなにも持っていないのだ。**前提条件は厳しい方が強くなれる。**育った環境、置かれた環境に左右されず、何事も一から創り上げていくもの、希望すら自分で生み出すことができるのだ――今の私はそう考えている。

message

16

お金がないなら、知恵を出そう。
もっとクリエイティブで自由になれる。

17/39

「自由になるためのルール」

幸せを掴み取れる人は、依存を断ち切れる人。

『やめる』のではなく『やめ続ける』ことが大切」

これは、薬物依存症リハビリ施設「ダルク」代表、近藤恒夫さんの言葉だ。報道番組でコメンテーターをつとめる私は、芸能人の覚醒剤使用報道が出ると、その恐ろしさや依存から抜け出す困難さをあらゆる角度から知らされる。覚醒剤の再犯率は50％。二人に一人は一度でも手を染めたら、抜け出せなくなるそうだ。

それこそ、何度も逮捕されたことで悪名をはせてしまった田代まさしさん。視聴者の立場のとき、私は「あらま、何度も懲りないのね」くらいにしか思っていなかった。でも、報道を通じて、どうして抜けられなくなってしまうのか、徐々に実態を知ることになる。彼は現在ダルクで活動を続けており、そのリアルな体験を元にインタビューに答えていた。

「毎日面白いことを言わないといけないストレスから逃げたかった」。それがきっかけで覚醒剤に手を染めたそうだ。そして、逮捕されると、世に晒され、すべてを失うのではないかという恐怖で、一瞬心を入れ替える。でも、日常生活に戻ったときこそ、真の決意が試される。薬物経験者として周囲から白い目で見られる。だから仕事が来ない。自分は信用されていないんじゃないか。そうやって孤独を感じ、孤立していくうちに、またストレスが溜まる。そんなときに、甘いささやきがまた来るのだと。

彼は出所後、再起に向けて活動を始めようと本を出版した。そのサイン会で握手を求めてきた自称ファンから「お気持ちわかります」と手を握られ、その手の中には白い粉の入ったビニール袋があったのだという。頭では、「良くない。捨てよう」と思っても、体がどうしても捨てようとしない。「一度くらいならいいか。神様もご褒美として『休め』と言っているんだろう」。そんなふうに脳が自分に都合よく解釈して、一度だけのつもりでやってしまったら最後、再び覚醒剤から抜けられなくなったという。

「やめる」ではなく「やめ続ける」。その言葉の重みを感じた。そんな報道を見ているうちに、実は私たちの世界にも大なり小なり似たような「依存」があるのではないかと思った。

一度は決意したダイエット。そのほか、やめたいと思っていてやめられない悪習。たとえば、恋愛依存。恋愛は素晴らしいが、それが依存となると、女性にとっては薬物のように、時に人生を壊すものになり得るのではないだろうか。

この人と付き合っていてもダメだとわかっている。暴力を振るわれたり、世間にバレたら信用を失ったりするつらい恋かもしれない。けれど、一人が寂しくて別れられない。せっかく意を決して別れても、「もう一回だけ会おう」「君しかいない」と言われて、ついつい誘いにのって縁が戻ってしまう。そんなつらい恋に彷徨い、苦しむ女性もいる。

もちろん、人を愛することは人生最大の喜びだ。それが幸せなものであり、人生の発展につながっているのであれば、だけれど。もし、「彼しか考えられない」「すべてにおいて優先してしまう」状況だとしたら、危険だ。本来すべきことから目を背けているのだとしたら、それは依存の始まりかもしれない。

chapter2-17

自分の心と徹底的に向き合う

人生は誰かが幸せにしてくれるものでも、誰かが夢を見せてくれるものでもない。逆に、誰かがあなたを不幸にするものでもない。あなたがそれを人生に加えるかどうか、続けるかどうか。決めるのはいつだって、あなた自身なのだから。

何かにとらわれているなら、そこから距離を置いたり、抜け出す仕組みを取り入れたりすればいい。苦しみに苛まれたとき私は気づいた。つらい、苦しい、孤独、そんなネガティブな感情と、楽しい、笑っちゃう、美味しい、気持ちいい、そんなポジティブな感情は両立しないのだと。

だから、マイナスの感情が襲ってきたら、即座に頭から取り除こう。楽しめるもので自分自身を満たそう。漫画喫茶に駆け込み、漫画の世界に没頭するでも、マッサージに行って心地よさを得るでも、美味しいごはんを食べるでもいい。お笑い番組を見て思いっきり笑うのも気軽にできることのひとつ。実は人間の感情なんて、すぐにポジティブに塗り替えることができるのだ。

何かに依存してしまう傾向があるなら、まずは「スイッチ切り替え」の方法をマスターしよう。そして、客観的に自分を見つめ、徐々に環境を変えてみよう。もっと生産性のあることに夢中になるのが一番だろう。それがあなたの人生に力と未来をもたらす。

今、歩いているあなたの道は、自ら選んで歩んできた道だ。人生は、自らの選択で創られるから、自分の感情の置き場所をポジティブにして、良いものを選び続ければ、あなたは必ず幸せになれるのだ。

message 17

マイナスの悪習は「やめる」ではなく「やめ続ける」。

18/39

［自由になるためのルール］

なんでもいい、一番を目指してみる。自分の価値を高められるのは自分だけ。

「優勝したら人生が変わる」

募集要項にはそう書いてあったから応募してみたスタートアップ企業のプレゼンイベント「ＩＶＳ Ｌａｕｎｃｈ Ｐａｄ」（以下、ＩＶＳ）。

このイベントで優勝した企業は大型の資金調達に成功したり、上場したりと、とにかく注目度がすごいのだ。

初めは「スタートアップ界隈で自分たちがどれくらいの位置にいるのか知りたい」くらいの感覚だったが、一緒に進めていた社員から「せっかく挑戦するなら優勝したい」と言われてハッとした。とはいえ、勝つのはたやすいことではない。日本一のピッチイベントだ。

どうしよう。社員の願いも叶えてあげたい。本選に進めるとわかったとき、スイッチが入り、周囲に相談しまくるようになった。まずは、経験者に話を聞こう。勝つためにはヒントが必要だ。自力でできることなど限られているのだから、どん欲に恥ずかしげもなく、アポイントを取って相談しまくった。

「うーん、インパクトがないね〜」「資料がいまいち」「優勝は大変だよ」と反応は薄い。でも、「優勝したいんです」と言うと、「〇〇さんに話を聞きにいくといいよ」「誰が審査員なのか調べてみたら？」などアドバイスをもらった。そこで私は皆の助言を一つひとつ、見つかるともわからぬ宝の地図をなぞるかのように忠実に実行した。

薦められたプレゼンのコツが書かれた本も全部読んだ。そこでわかったのは、**綺麗な話し方や美しい資料よりも大切なのは、聴衆の心を動かすこと、皆を共感させ、感動させ、巻き込むこと。**それこそがプレゼンテーションなのだ。

そうか、私の育児支援のあり方を変えたいという強い想いは日本中で誰にも負けない。一度上場した会社を辞めてまでもキッズラインをやりたいと思った気持ち。それをしっかり伝えよう。

そして、私は、プレゼン前日に、キッズライン立ち上げの背景やサービスに込めた暑苦しいほどの思いをブログに書き、審査員たちにメールで送信した。「がんばってください」との返信を励みに、前日は徹夜で練習、当日もまさに順番が回ってくる1分前まで資料やトークをブラッシュアップし、プレゼンに臨んだ。

いよいよ順番。元ＡＫＢ総監督の高橋みなみさんの「目からビームを。毛穴からオーラを」という言葉が脳裏をよぎる。拳を握りしめて、私は舞台の中央に立った。第一声は緊張のあまり声が震えたが、審査員一人ひとりの目をゆっくり見て語りかけるように話し始めた。

私が3人の子どもを育てながら上場できたのはベビーシッターのおかげであること、育児支援が不足する日本は、女性活用も進まず、少子化の波も止められないこと。安くて早くて便利なキッズラインを通じて、ベビーシッターの文化を日本に広めたいこと、それには男性経営者の皆さんの協力が必要で、法人で導入してほしいことなど、社会を変えたい想いを魂から伝えた。

決して上手にプレゼンできたとは思わなかったが、会場の熱気はすごく感じた。まさに会場が一つになった気がした。

でも、プレゼン技術がいまいちだった、他社の資料の完成度がすごかったなど、結果を待つ間は反省ばかり。表彰式で最後まで名前が呼ばれなくて、入賞もできなかったのかと泣きそうになったとき、なんと最後の最後に名前を呼ばれた。そう、優勝したのはキッズライン。私たちだった。

chapter2-18

自分の心と徹底的に向き合う

「すごく良かったよ」「感動した」多くの人に声をかけられ、後にそのプレゼンで泣いた人が何人もいたことを知った。

優勝した後、私たちを取り巻く環境は激変した。キッズラインへの申し込みが殺到し、サービスだけではなく、会社や私個人にも注目が集まり始めたのだ。なにより社員が大喜びしてくれた。売上がほとんどない日々、本当にうまくゆくのかわからないまま、地道にシステムを改善し続けるしかなかった私たち。まさに砂をかむような日々が報われた気がした。

実は2回目の起業なのに出場して、残念な順位で終わったら恥ずかしい……。でも、あくまで告知になればいいかななどと低レベルの目標を設定していた自分の考えを恥じた。そうだ、**人生を変えたかったら、周囲が驚くくらいの大きな夢を持つべきなのだ。それに向かってわき目もふらず行動した者だけが人生を変えることができるのだ。夢がなければ、なんでもいいから一番を目指そう。**なんでもいいんだ。一番高い山は富士山だけど、2番の山は答えられない。winner-take-allだ。

自己満足しているだけでは意味がない。人に評価されて価値が生まれる。そして、自分の価値を高められるのは自分しかいない。人生を変えたかったら、そう、挑戦するしかないのだ。

message 18

夢は大きければ大きいほどお得。たとえ、夢が実現できなくても、気づくと半分まで来ているはず。

19/39

［自由になるためのルール］

嫌なことは栄養。乗り越えるだけ人生が磨かれていく。

3000万円を詐欺で騙し取られた苦い過去がある。詐欺師との出会いは、トレンダーズ起業4年目頃。登壇したセミナーの最前列中央の席に、その場の雰囲気に対して少し違和感をおぼえるような、私の母くらいの年齢であろう、着物姿の女性が座っていたのだ。

その年配女性がセミナー終了後、名刺交換を求めてきた。自分は投資の仕事をしていて、後日会いませんかと誘われた。当時はいかにして会社に資金を貯めるかを必死に考えていた時期。焦りもあった。この頃、まだ何者でもなかった私のもとには、他にもいろいろな人が近づいてきて、積極的に会って話を聞いていた。

彼女が私に持ちかけた最初の話は「10万円を2週間で12万円にしますよ」というものだった。これは言葉通りに、実行された。元本は徐々に多くなり、次は「100万を1ヶ月で20％増にしますよ」。こちらも最初はきちんと振り込まれた。

0の数はもうひとつ増え、「3000万円くらい出せますか」。渡すとお金は返ってこなくなった。なんとかして連絡を取ると「運用がうまくいかなかったので払えません」の一言。

chapter2-19

自分の心と徹底的に向き合う

最初は小さな取引で信用を積み重ね、ときどき美味しい食事をごちそうして距離を縮める――実によくある詐欺の手法だと思う。その間に私は彼女に心を許し、資産の額を話したこともあった。それが、この結果だ。

それでも、彼女を呼び出すと几帳面に2万円ずつ返済された。しかし、3000万円が返ってくるには、彼女と1500回も会う必要がある。そう考えると気が遠くなった。周囲に相談すると、探偵をつけて彼女の預金残高を調べてみたらと提案され、200万円を前払いしてどんな調査を行うのか詳しく聞かないまま、探偵を雇ったこともある。そこでも「情報はなにも出ませんでした」と騙された。

起きた一連の出来事はとにかくショックで、つらくて悔しくて、叫び出したいほどだった。創業数年の小さな会社が銀行から大金を借りるのは容易ではない。いざというときは自分の財布から出していた。取られた3000万円も、万一に備えてよけておいたお金だった。失った金額そのものも大きかったし、余裕資金がなくなって不安になった。お金を稼ぐのはとても大変なのに、失うのはわずか一瞬なのだと知った。

しかし、私は諦めた。警察沙汰にしたり裁判を起こしたり、深追いしたりすることもできた。そうして恨みを晴らせるかもしれないが、さらに失う時間や労力を考えると、徒労に終わる可能性が大きかったから関わるのをやめた。それよりは本業に邁進する方が何倍も生産的だ。人生には損切りが必要なことがある。

大金を失った代わりに、私が得たのは大きな学びだった。頭ではわかっていたけれど、うまい儲け話なんてないのだと体中に痛みを伴って刻み込まれた。少し余裕があるからといって、他人を簡単に信用してはいけないし、口約束ではないきちんとした取引にすべきだった。疑問点や不安がなくなるまで徹底的に話を聞いたり、しかるべき関係者を間に入れたり、契約書や借用書を作成したりといった、相手が罪を犯さないようなシステムを作るべきだった。もしそのプロセスで相手が嫌気がさして、話を反古にするなら、その程度の話だったのだから。

これまで私はいいことよりも、嫌なことの方から学びを得てきた。解決する過程で悩んだり考えたり調べたりしていると、結果的に役立つ知識や経験が身についてくる。そして合理的に考える癖をつけた。

chapter2-19

自分の心と徹底的に向き合う

そうすると、人生はできるだけ早いときに失敗した方がいいと気づく。経験から学ぶことは濃くて大きくて痛いから体に刻み込まれる。事件が起きる前の人生より、起きた後の人生の方が圧倒的に長ければ、「学び」という誰にも奪われない財産ができるのだ。

たとえ嫌なこと、つらいことがあっても「次こそはうまくいく」。そんな状態にもっていけるなら、人生で大きな拾い物をしたことになる。

苦しいときこそ成長のチャンスで、絶望のときこそ光を見つけることができる。

そもそも、人生で嫌なことはなくならない。嫌なことから逃げることもできない。だから抗っても仕方がない。料理にたとえるとわかりやすいのだけれど、私にとって嫌なことは「栄養」の一種だ。刻んだり、煮たり……と料理して、食べて、消化された嫌なことは、栄養に変わる。「良薬口に苦し」とは自分のための言葉のように思う。

逆に嫌なことから無理やり逃げたり、捨てたりするのはもったいない。本当はどういう状態になるのが理想なのか考え、修復したり付け足したりする工程を経て、人生は盤石なものになっていく。使い古された言葉だけれど、「神様は乗り越えられない試練は与えない」は事実だと思う。嫌なことが起きたとしても、一生続くことはない。もちろん大変な時期はもがき苦しむものだけれど、解決に向けて動き回っていると、自ずと良い道が見えてくる。

そもそも人には2種類のタイプがある。年齢を重ねるほど素敵に輝く人と、逆に老けてしまう人だ。生きている限り、必ず嫌なことは起きる。前者は嫌なことを糧にして、飲み込んで、強くなり、器が広がり、そうやって遂に栄養にまでして、消化吸収してしまうから澄み渡り、人生をますます謳歌して、より輝きを増す。荒波を乗りこなせるサーファーのように華麗だ。後者はトラブルを乗り越える免疫や体力がないため、嫌なことを消化できないまま、心に澱《おり》を溜め込み、澱がたまるから、輝けなくなってしまう。

私が前の会社で事業展開していた美容医療の世界にも、あえて肌に刺激を与えて傷を作って、美しく強い皮膚に再生する施術が数多くあったのを思い出す。**嫌なことやつらいこと、傷つくことを経た先にあるのは「再生」という希望だ。より強く輝きを増した自分だ。**

だから、降ってきたトラブルと向き合う際、心が折れてはもったいない。強い自分を作る貴重な機会だと捉えてみよう。問題が起きたときこそ、成長するチャンスなのだから。

19 message

大きな問題に立ち向かえば立ち向かうほど、あなたの人間的魅力は増していく。

20/39

［自由になるためのルール］

周りに愛を与えられる「お花畑力」をつけよう。最速で幸せになるために。

chapter2-20

自分の心と徹底的に向き合う

毎日毎日、いろいろな出来事が起きる。楽しいこともあるけれど、つらいことや苦しいこと、ショックな言葉を投げかけられることの方が多いかもしれない。テレビ番組でコメントをすれば、ふとしたことに怒った人がTwitterで私への苛立ちをツイートすることもある。

でも、社長業をしていたら、そもそも毎日が挑戦の日々。社会から「指摘」されることの方が多い。発信すれば返報はあたりまえ。これは私が選んだ道だ。全部「ありがたい」「ご指摘ありがとうございました！」と思って受け取ろう。

気持ちを切り替えると、世界の見え方が変わった。私に無料でアドバイスをしてくれる親切な人たちが、この世の中にあふれていると思えるようになったのだ。**どんな毒のある言葉の中にも学びがある。**毒にやられて倒れてしまうのはもったいない。そう意識しているうちに、私の頭はお花畑になったようだ。

こちらが傷つくような言葉を投げかけてくる人はたくさんいるだろう。なぜなら人間は未熟で、だからこそ成長し続けているわけで、誰かにとって100％の人なんて絶対いないから。見方や見る位置、目線を変えれば、言いたいことや指摘したいことは、お互いに山ほどあるだろう。
それに逐一反応したり、反抗したりしても、なにも始まらない。むしろ場合によっては、相手の感情は燃え盛り、自分がそのイライラを受け取り、負の感情を抱え込んでしまうかもしれない。正当性を説明すればするほど、相手が語気を強めるのは、誰しもが認められたい生き物だから。

それならば、私は全部受け止める側を選ぶ。どちらかがやめない限り、ケンカは終わらないし、なによりも勝ち負けではない、長期的な価値を得たいと願うのだ。
相手にしても、投げた言葉が相手にどんどん吸収されれば、戦意を喪失してしまうのではないか。冷静な感情を取り戻したり、気が済んだり、本音を言ってくれたりするかもしれない。最後には「言い過ぎてしまった。あんな言い方をしなくても良かったな」と思うこともあろう。

だからこそ、**自分がお花畑になろう。相手の言いたいことを全部言ってもらえるような空気をつくろう。**お客さまならば「他にお気づきのことはございませんか」と聞き出してもいいと思う。やわらかく向き合って、ご意見ありがとうございますと伝え、次回からその出来事が発生しない方法を考えればいい。相手の心も和らぐだろう。

なによりもお花畑になって得られる長期的な価値は大きい。自分が常に朗らかなコンディションであれば生きやすいし、人間関係の衝突ほど心が消耗することはない。そして、人との関係性において、気持ちのしこりを残すのはよろしくない。**運気は人が運んでくるから、行き止まりを数多くつくることはプラスにならない。なめらかな道をたくさんつくろう。**周囲と信頼関係があれば、たとえミスをしても乗り越えられて、復活のチャンスも得られるだろう。

そして、**なによりも、お花畑には人が集まってくる。**いい香りがすれば心が癒やされるし、花がいっぱい咲いていたら近くで見てみたい。花は生命の源だ。生命の源は愛だ。だから、愛のある言葉を使えば、相手に愛を与えられる。誰しも人生で一番求めているのは、根本的には愛なのだと私は思うから。

message

20

お花畑のような心を持ち続ければ、どんな人にも愛される。

21/39

［自由になるためのルール］

「人生がわかるのは、逆境のときよ」つらい経験を乗り越える度に人は輝きを増す。

タイトルの言葉には、あのシャネルを創り上げたココ・シャネルの言葉をお借りした。確かに人生で大切なことは、幸せなときよりも苦しいときに、痛いほど気づかされる。悩み、試行錯誤した後に本当の道を見つけるのだ。そして、なんともいえない深い人間的な魅力を持った人が私たちに与える神々しいまでの印象は、彼らが驚くほど大変な経験を経て、それが年輪のように積み重なった結果なのかもしれない。

かくいう私も、同性の中では壮絶な経験をしている方に入るのかもしれない。私は自分がいくつかの十字架を背負いながら生きていると自覚している。そのひとつは2007年頃、経営者としての大きな失敗だ。会社を拡大するために、4億円の資金調達に成功した私は、一緒に働く仲間を増やせば売上が伸びると思い、十数人しかいなかった社員を40人くらいまで一気に増やした。

それに伴い、広くて魅力的なオフィスが必要だからと、賃料60坪70万円のところから、150坪400万円のところへ移転し、腕のあるデザイナーにお願いして内装にも凝った。

潤沢な資金もある。共に戦える社員も増えた。彼らが働く環境を良質なものに整え

chapter2-21

自分の心と徹底的に向き合う

た。これで上場まで走っていける――当時の私はそう信じていた。

その思いは打ち砕かれた。新規で採用した大勢の社員をマネジメントする体制も、私ひとりで40人をマネジメントする力もなかった。

会社は混乱を極めた。大量に採用した社員は組織ができ上がってないところに入社して、能力をうまく発揮できるような環境がないものだから、皆の間に不満が連鎖していった。彼らの私を見る目に冷たさを感じたし、人が辞めていく姿を目の当たりにするのはつらかった。

彼らは上場を目指すエネルギーあふれるベンチャーに惹かれて入ってきたが、内情を見てがっかりしてしまったのだろう。それでも当時の私は、ベンチャーとはそういうもので、仕事は自分で見つけるものだと考え、彼らと思考がかみ合っていなかった。なぜうまくいかないのか、わかっていなかったのだ。

思いあぐねて、ある先輩経営者に相談したところ、「おまえはアホか！　俺が言うこと3つをこれからやれ」と教えてくれた。まず「マネジメント力のある幹部クラスを雇うこと」、そして「女性が多すぎるから男性を雇い、男女比率を変えること」、売上をコンスタントに作るために「営業部隊を作ること」。

シンプルな3つのアドバイスをひとりでコツコツと進めた。人に会えば幹部を探していると話し、会食で優秀な人材を口説き、給与が高くても相手の希望条件をのむなど、すべてを実行に移した結果、これまでの苦しい状況が嘘だったかのように、あらゆることがうまく回り始めた。当時、いかにマネジメント力がなく、組織の作り方をわかっていなかったかを痛感した出来事だ。

経営者にとって一番つらいのは、社員が辞めていくことだ。好きな人にフラれる以上に痛みを感じるのは、入社が結婚、退職が離婚に似ているためだろうか。「ここで活躍したい」という期待や熱意を持ち、人生をかけて仲間になってくれた人に、サヨナラされるわけだから。それに、彼らの経歴にバツをつけた責任もある。

他にも十字架はある。自らが創業し、まさに心血を注いで15年も続けてきた会社をうまく退任できなかったことだ。詳しい内容は書けないが、人生最大級の学びは、このまさに死ぬほど苦しい出来事から得たと言い切れる。もう二度と同じことは起こすまいと、何度も傷をなぞり、傷に塩をすり込むくらい、すべての失敗の隅から隅まで味わい尽くしたと思う。

失敗を乗り越えるとき、人はあらゆる原因を考え尽くし、気づかなかった学びを得る。そして苦しい経験から復活する過程で、強大な忍耐力をつける。同時に地獄を見ることで、人間心理を学んだり、底辺の経験をすることで視野を広げたりできる。成功から得られるのは自信や結果だが、**失敗から得られるものは、人間的魅力や人としての厚み、そして自分の未来の成功確率を上げる「宝」ともいえる学びだ。**

消し去りたいくらいのひどい過去や失敗があればあるほど、それをうまく乗り越えれば乗り越えるほど、人としての安定感は増してくる。書籍や連載、ブログなどを書いていても思うのは、失敗体験を書いたものは本当に多くの方が熟読してくれるということ。単に失敗談を書くのではなく、どう乗り越えたかを明かし、のたうち回った状況を隠さずに書くから、心を震わせる共感が生まれ、皆の希望につながるのかもしれない。

とはいえ、「また失敗しても構わない」と開き直るつもりはない。「次こそはうまくやるぞ」と決意している。行動を起こし、再び自力で成功をつかみ取ることが、失敗に巻き込んでしまった人たちへの唯一の恩返しになるからだ。

21 message

うまくいかない原因を、自分のなかにも見つけられる人は、どこまでも成長できる人。

22/39

［自由になるためのルール］

苦しい経験こそ、本質への近道。

今の私、なんてあさましい人間なんだろう――。そう気づいて、愕然としたことがある。最初に起業した会社を志半ばで辞めて、ひどく落ち込んでいたときだった。

その会社が新たなステージへと向かうそのタイミングで、経営陣と私の間で、大切にすることが違ってきた。価値観や方向性が合わなくなった。そのとき私の中には「自分がゼロから会社を創り上げてきたのに」「心血を注ぎ、皆が幸せになるよう一生懸命やってきたのに」「まさに我が子のような会社を、産んだ私が手放すなんて」といった無念さが芽生えていた。

一体この悶々とした思いはなにに対して出てきたのだろうか、と冷静になって考えてみると、最も悔しかったのは、自分に対してだった。信念を貫けなかったこと、続けたいことを続けられなかったことだと認識した。ここで、過去に執着している自分に気づいたのだ。

本当は前の会社で次に私が新規事業として着手しようとしていたのは育児支援だった。すべてを失いかけたとき、悔しさと悲しみだけに包まれていて、最初の気持ちを忘れていたのかもしれない。

chapter2-22

自分の心と徹底的に向き合う

会社を辞めたての私はなにもない状態だった。それでも、考えれば考えるほど、やっぱり創りたいものは「日本に新しい育児支援」だったし「社会のインフラとなるサービスを作りたい」という思いを止めることはできなかった。私の中に信念やベンチャー魂が残っていたからだと思う。新しい育児支援としてのベビーシッターサービスは社会で確実に必要とされるものだし、他の誰よりも、必要性がわかっている私が率先して創ろうではないか。

どんな状況にあろうと、たった一人になったとしても私がどうしてもやりたかったことをやればいいのだ、そう再確認した瞬間だった。やるか、やらないか——ベースにあるのはごくシンプルな考え方だ。

前の会社では、資金もあったし、信頼できるメンバーもいたし、うまくやれるだろう、苦労せずやれるだろう、と過信するところがあった。でも、そのスタンスでサービスを作っていたら、失敗していたかもしれないと思う。サービスを考えついたのは自分だけれど、メンバーの誰かに先頭に立ってやってもらおう、と任せてしまったかもしれない。

事業は、「うまくやろう」ではなく「正しくやろう」。「なにか創ろう」ではなく「最高のものを創ろう」。「成功したい」ではなく「お客さまを満足させたい」であるべきだ。

苦しい時期を経たおかげで、大切なこだわりを思い出せたし、正しい道に行き着いた気がする。

だから、ゼロからメンバーを集めた。自己資本でスタートすることにこだわった。自分があたためていた新しい育児支援を、最高の形でサービスとして作るには、どうすれば良いかを常に考え、魂を込めて事業に取り組んでいると、自信を持って言える。「日本にベビーシッター文化を」という、同じビジョンをもったメンバーと一緒に、前進し続ける日々は、未来にまっすぐに繋がっている実感がある。

最後に、あのときの私のように「なにかを手放すことが怖い」と自覚する女性たちへ。**手放すかどうか迷っているものはいったん手放した方がいい。**それは、たとえると、自分にとっては、最高のものではないのだ。おそらく、しぼみかけたものだし、腐りかけたものなのかもしれない。悪い状態になったそれを元に戻せるだろうか。決して元のように復活はしないはずだ。

腐ったものに水やりをして、もう一度花を咲かせようと手間暇をかけるくらいなら、新しいものを植え直そう。この経験を活かして、より良い方向へと進んでいく本当の道が見えるはずだ。今の人生にどんな新しいものをプラスするか、どんな新しい人と関わっていくかなど、未来思考を持ってほしい。目の前にある物事にこだわるより、未来を見て、経験を活かし、新たな気持ちで丁寧に取り組んでいく方が、はるかに精度が上がるだろう。失敗からたくさんのものを得た女性は、経験と魅力が増し、その武器を身につけて挑戦する姿は、以前より輝き、周囲を照らし続けるはずだから。

22 message

どうにもならない過去にこだわるよりも、ゼロからの方が、早く、美しく、より魅力的なものが再構築できる。

23/39

［自由になるためのルール］

失敗から立ち直るプロセスこそ、人生の財産になる。

chapter2-23

自分の心と徹底的に向き合う

今、空前の「失敗」ブームが来ていると感じる。『しくじり先生』（テレビ朝日）は深夜枠からゴールデンタイムに大躍進。「私、失敗しないので」の決め台詞で有名な『ドクターX～外科医・大門未知子～』（同局）も、次回のスペシャルでは「私、失敗したので」で始まるという。

かくいう私も失敗には事欠かない人生だ。特に社会に出てからは、うまくいったことよりうまくいかなかったことの方が多い。世間的には、リクルートや楽天などのイケてるベンチャーを経て「女性起業家」になり「当時最年少女性社長としてマザーズに上場」など華やかな経歴を軽やかに歩んでいるように見えてしまうかもしれないが。

私が入社した頃のリクルートはまだ「リクルート事件」を背負っていて、借金も1兆円あって、人気企業とは言いづらいモーレツ営業会社だった。

1999年に入社した創業間もない楽天は、社員20人程度で祐天寺の雑居ビルの中にあり、知名度なんてなかった。転職する私に「東京楽天地？　パチンコ屋さんに転職するの？」と聞いてくる人がいたくらいだ。創業間もないベンチャーだから、年収が半分以下になったうえに、早朝から深夜まで働き詰めだった。

これらは失敗経験ではないが、その安定しているとは言い難い環境での経験こそが、現実との格闘でリアルだった。だからこそ、自分の中に重心ができて強くなれたと感謝している。

多くの手痛い失敗を経験したのは起業後のこと。右も左もわからない20代の頃、せっかく会社がうまくいきかけたと思ったら、3000万円の詐欺に遭った。30代になって、一流の会社にしようと決意し、上場という大きな目標を目指したら、組織をうまくマネジメントできなくて初めての赤字を出してしまった。資本政策の失敗で、個人で2億円を返済したこともあった。30代では3回の妊娠、出産、育児に奮闘しながらも、仕事を諦めず、自分が持ちうるすべてのエネルギーを投入して、やっとの思いで上場させたが、創業者である私が去ることになった。予想もしなかった出来事の連続だった。それでも「女性が輝く社会」を実現する夢を諦められなくて、再び41歳でゼロから起業している、それが現在の私だ。

それでも「前職時代より、今の経沢さんの方が目が離せないし、好感が持てる」というメッセージをいただくことが多い。

chapter2-23

自分の心と徹底的に向き合う

「失敗力カンファレンス」というイベントに登壇したことや、前の会社を辞めて、2度目の起業の経緯を書いたKindle本「自ら上場した会社を辞め、41歳で再び起業したシリアルアントレプレナーの挑戦『ベンチャー魂は消えない』」はおかげさまで、かなりの反響を呼んでいる。

失敗ブームの恩恵かもしれないけれども、なぜだろう。日本は失敗に寛容になったのか。

もしかしたら、失敗は共感を呼ぶのかもしれない。多くの人は成功者のノウハウ披露より、失敗経験のカミングアウトに心魅かれる。成功者は、「自分とは違う他人」だけど、手痛い体験を見聞きしたら「この人も苦労してここにたどり着いたのか」と共感するのだろう。

リアルな失敗体験告白は、胸に響き、引き込まれる。

苦労したからこそ得た学びは本質的で、気づきは無限だ。

そして、それらのストーリーから、「もしかしたら自分にもできるかもしれない」と夢を持つことができるからかもしれない。

また、多くの人は、誰かが困難を乗り越えようとするその姿に勇気をもらうのだ。羽生結弦クンや浅田真央ちゃんがどんなに成功しても、その位置に安住せず、それでもまだ高いジャンプに果敢に取り組む姿に感動するように。挑戦する彼らと見えない絆すら感じ、思わず応援してしまうのだ。

そう、「失敗すること」は恥ずかしいかもしれないが、その気持ちを乗り越えてしまえば、デメリットはほとんどない。むしろ、**失敗しないことを優先すれば、一度きりの人生、未来の可能性を狭めてしまうことも。**

大きなものから小さなものまで合わせると、**数え切れないくらい失敗をしてきた私が感じるのは、失敗から得られる教訓は莫大で本質的だということだ。**後の人生のあらゆるシーンに応用できるから、それをノウハウにして、より大きな挑戦ができるようになるし、成功する確度も高くなるだろう。また、苦しい経験を味わうことで、他人に優しくなったり、器が大きくなったり、人としての深みが増したり、人間としての魅力が高まったりする。これらは人生の財産だ。

また、大きな失敗をして人生を立て直そうとする過程で、人は本当に大事なものに気づく。一見必要そうだけど、目を曇らせていた無駄なアイテムをすべて削ぎ落とす絶好の機会となり、自分が一番大切にすべき人、自分が一番大切にすべき価値観、そして、人生で一番大切な自分が生きるべき道を見つけ、歩いていけるようになる。

そう、**失敗したときの行動次第で人は輝きを増す。**そして、失敗経験は自らの学びとなるだけでなく、同じ困難にぶつかる人の役にも立つ。立ち直るプロセスで真に必要なものに気づき、進化していく姿が人を感動させ、応援され、自らの人生を一気に大きく、強くできる起爆剤となるのだ。

さあ、怖がらず挑戦しよう。

message 23

失敗したときの行動次第で人は輝きを増す。
さあ、怖がらず挑戦しよう。

24

39

［自由になるためのルール］

いつでも再出発できる自分でいよう。何歳からでも人生はやり直せる。

chapter2-24

自分の心と徹底的に向き合う

7年間住み慣れた街から引っ越した。

35歳のとき、3人目の娘がお腹にいる頃から住み始めたエリア。目の前が保育園で、実家が同じマンション群という育児に最適な環境だった。住めば都。大きな窓に囲まれた39階の角部屋からはレインボーブリッジと東京湾が見渡せて、年に1回の花火大会は特等席で楽しむことができた。

離婚して、再びシングルマザーになって、娘が電車で通う小学生になったとたん、急にその部屋がしっくりこないものになった。断捨離をしたり模様替えをしたりしたけれど、それでも違和感はぬぐい去れない。そして、新会社がある六本木までの通勤がなんとも億劫になった。

転職したとき、起業したとき、結婚したとき、私はいつも引っ越しをしてきた。転職先のそばに、会社のそばに、夫婦の最適な場所に、最適なサイズの住まいを選んだ。**新しいスタートを切るときには、新しい環境、つまり、自分を入れる箱をまず整えた。そうすると自然とスイッチが入るからだ。**毎回引っ越しをする度に部屋のグレードは上がった。でも、今回は前回の半分の広さの部屋にした。39階から3階になり、窓から見える景色は隣のビルだ。

でも、会社には徒歩で行ける。部屋はエントランスに最も近い場所。タクシー乗り場だって徒歩1分。駅だって雨に濡れずに行けるほどそばにある。周囲には友達もたくさん住んでいるから寂しくない。最低限の家具だけ置いて、なんとか準備が整ったとき、ゼロから起業し直した。シングルの私にぴったりでしっくりきた。

39階のタワーマンション引き渡し最終日の夜、会食の後でこっそり寄ってみた。すでに部屋はがらんどう。すべての家具を運び出し、ただひとつ、友人に譲る予定の3人がけのマラルンガが残っていた。次の部屋にはこんな大きなソファは入らない。せっかくだから、最高の夜景がよく見える位置に動かして、真っ暗な部屋の真ん中に座ってみた。

急に感情が揺さぶられた。多くの決断の陰にはたくさんの悩みがあった。30代後半からの私の人生が全部ここの部屋に詰まっていた。

chapter2-24

自分の心と徹底的に向き合う

大きな喜びも、絶望するほどの悲しみも、まさに走馬灯のように映像が駆け巡る。ここで始まった幸せに満ちた新しい生活のこと、会社が苦労しながらも拡大ステージに入っていったこと、社員を呼んでバーベキューをしたこと、震災があって歩いて帰ったこと、エレベーターが止まって、娘をおんぶして39階まで上がったこと。そして、会社が上場して、夢にまで見た鐘をつくシーンが自宅のテレビに映し出されたときのこと。

15年もかけ、心血を注ぎ、たどり着いた人生の頂点のような記念日から落ちるのは早かった。離婚を決めて、自ら創業した会社を辞めるかどうか悩んで、苦しみばかりで前に進めなかった日々は異様なほど長く感じた。

ふと、霧が晴れたように再び起業を決意して、仲間を募って、この場所でカラーズが生まれた。オフィスがないから創業メンバーがここに出勤し、床に座って仕事をし、ご飯をつくってみんなで食べた日々。最後は、希望しかない楽しい時間を過ごすことができた。まさに、絶望も希望も、人生の大きな振り幅が全部詰まった部屋だった。

「卒業。だから引っ越し」

そんなふうに感じた。

「住む場所が変わると、人生が変わる」。そんな言葉を聞いたことがあるけれど、次の部屋ではどんなドラマが巻き起こるのだろう。

夜中に大先輩から、引っ越しおめでとうのメール。「でも狭い部屋なんですよ。いつか、同じマンションのもっと広い部屋に引っ越すのが夢です(^^)」──そう返すと、「そんなの楽勝だよ〜夢はもっとでっかくね☆」と即レスが。

その言葉が私の心に再び明かりを灯してくれた。そう、**私の周囲には、私がどんなに暗闇にいようとも、常に無条件に励まし元気づけてくれる大人がたくさんいる。だから孤独なトンネルの中でも光を見失わないで前に進んで来られたんだ。**

今、私は自分に合った新しいサイズの部屋でスイッチを入れる日々。いよいよ新しいスタートを本格的に切ったのだ。近い未来の目標とイメージは明確にある。それを達成したそのとき、きっと私は新しい部屋を探しているのだと、自分に言い聞かせながら。

24 message

引っ越しは卒業のひとつ。
住む場所が変わると、人生も変わる。

chapter 3

心地良い人間関係を築く方法

25

39

「自由になるためのルール」

苦しいときこそ笑おう。
笑顔で元気にふるまえば、
状況も空気も明るく変わる。

chapter3-25

心地良い人間関係を築く方法

はあちゅうと運営しているオンラインサロン「ちゅうつねカレッジ」。メンバーの方からこんな質問が寄せられたことがある。

「経沢さんのようにいつも笑顔でいるにはどうしたら良いでしょうか？　体調が優れないときや疲れているとき、ツラいとき、落ち込んでいるときなど、笑える状態ではないときも、笑顔になれるものですか？」

会食中に席をはずし、お手洗いでスマホをチェックしたときにこの質問が飛び込んできた。ちょっとお酒が入ってほろ酔いだったけれど、その文面から悲しさが伝わってきたから、なんとか早く解決したいなと思い、指が反射的に動いた。「それでも笑っとけ！　いいことあるよ」と書き込んだ。しかし、翌日見直して、答えは正しいかもしれないけれど、少し軽い書き込みだったかなと、ちょっと反省した。

少し言葉を補足しておこう。そう思って、もう一度、人は笑える気分ではないときに、どうすれば笑顔になれるのか……じっくり考えて回答を投稿した。

「意外」と思われるかもしれないが、私にも笑顔になれない時期があった。前の会社を経営していた頃、プレッシャーもあったし、社員を急激に増員したために、自分の思いがうまく伝わらないことも多く、そんな状況にイライラし、ストレスを感じる日々を過ごしていた。あの頃の私は、仕事の場だとあまり笑えず、険しい表情ばかりしていたと思う。

今振り返ると本当に顔から火が出るほど恥ずかしく、呆れてしまうのだけれど、「私はこんなにがんばっているのに。あんなに苦しい思いをして、資金調達したのに。こんなに重い責任を背負ってまで、会社を一流にしようとしてるのに。でも、どうしてわかってもらえないの？」という気持ちが強かったのだろう。

人はネガティブな出来事に遭遇すると、無意識に感情を抑えつけようとし、それを繰り返すうちに感情そのものが疲弊してしまうそうだ。その結果、笑えなくなるばかりか、喜びを表現できなくなる、感情を殺すと言い換えてもいいだろう。そう、心の不感症化が始まってしまうのだ。

今はこう断言できる。社長が社員に怖い顔をしてあたりを厳しくしてはダメだ。短期的には「恐怖心のコントロール」で結果を出せるかもしれないが、長期的に会社が良くなっていくことはないのだと。一般的に、社員は皆、社長の顔色を窺《うかが》うからだ。

chapter3-25

心地良い人間関係を築く方法

上司が怒ってばかりいれば、怒られないように神経を使うことにエネルギーを注いでしまう。そうすると、失敗が怖いからという理由で、上司が指示を出さない限り、アクションを起こさなくなる。本来、会社は社員一人ひとりのコンディションが良くなれば、雰囲気も良くなり、コミュニケーションも増え、思いやりが生まれる。そうするうちに業績が上がりやすい流れやベースができるのだ。

ようやくそれに気づけたのは、経営者仲間が書いた本を読んだときだ。彼の本は私の経営などよりもトラブルに満ちあふれていた。資金が足りない、発注したシステム会社に夜逃げされた、仲間割れした、出資を募っても誰も相手にしてくれない。そんな谷底にいるような状態をどうやって乗り越えたか。

そこにはこう書かれていた。**「トラブルが起きたときこそ、会社の中を楽しくする」**と。そもそもトラブルに直面すると、どんな人でも冷や汗をかくものだ。そんなとき、ネガティブで元気のない空気が充満すると、ますます縮こまり前に進めない。問題を乗り越えるには冷静に、かつポジティブになるしかない。つまり、**危機のときこそリーダーは、チームをリラックスさせなければならないのだ。**

だから「大変なときこそ笑っとけ！」「とりあえず笑っとけ」の冒頭の一文につながる。

トラブルに遭遇したときも、「まあ、よくあることだよ」とか「お、きたきたきたー」と客観的な見方をしてみたり、ギャグにしたりして、皆を笑顔にする。結果、冷静になり、客観的になり、乗り越えようというエネルギーが湧いてくるのだ。自分の経験を通じて実感した。

キッズラインがスタートした当時の話だ。「1時間1000円から即日予約ができるベビーシッターサービスなんて画期的すぎる！　お客さまが殺到しちゃうかも」と思っていたけれど、そんな心配をよそに、予約が数件しか入らない日が続いた。あんなにがんばってシステム開発したのに、毎日数件ではこの先どうなるのか。もっとがんばれ！　そんなことを言ってもなにも始まらないので、私はギャグを言って社内を和ませた。「駄菓子屋の方が儲かるかな（笑）」「早くみんなのお昼代が出るようがんばろう（笑）」などなど。悲壮感を漂わせていても、状況が良くなるわけではない。笑顔で元気にふるまって、社内にいい空気や風土を作る方が先だ。そうすると現在よりも未来を見つめて「とりあえず1日100件予約が入るようにするにはどうしたらいいかな?」と前向きに考えられるようになる。

笑顔やユーモアがあふれる人の周りには「この人楽しそうだな」「この人と一緒に仕事をしたい」と人は集まる。だからどんなに苦境に立たされても、リーダーがいつも笑顔でいれば、大変なことは必ず乗り越えられる。そもそもリーダーではなくても笑顔は大事だ。笑顔が嫌いな人なんていないし、笑顔は自分も周りも幸せにする。

もし、あなたが一時の感情で不愉快な思いをぶつけたり、逆に人から優しくされたい、注目を集めたい、声をかけられたいと思い、悲しい顔や苦しい顔をしたりするなら、今すぐにそれはやめよう。一時的には使えるカードかもしれないけれども、そんなカードを使っているうちに周囲から人がいなくなる。

代わりに愛嬌あふれる、幸せな笑顔を振りまこう。とりあえずどんなときでも笑っておこう。それだけで、自分自身と周りの大切な人たちに、温かくて、強いエネルギーを与えることができるのだから。

message
25

一番苦しいときに、笑顔で周囲をリラックスさせられる人が、
すべての人に愛される人。

26/39

［自由になるためのルール］

ほめることは、器が大きい証拠。だからもっとほめよう、エピソードを添えて。

「前の会社で、経沢さんは女性社員に厳しかったって本当ですか？」

こう聞かれてドキッとした。自分は誰よりも社員に愛情があると自負していたからだ。でも、客観的な評価は違ったようだ。

確かに「近い将来、女性は仕事と育児を両立する可能性がある。だから、20代のうちに男性より早く成長し、出産前に社内で信頼とポジションを勝ち取らないとダメ」――そういった親心的な焦りは強かった。また、前職は7割近くが女性で、応募者もほとんどが女性だった。

女性社員を成長させるノウハウがたまればたまるほど、会社にとっても、活躍したいと考える女性にとっても、いい効果をもたらすはずだと信じて疑わなかった。そんな潜在意識から「もっと～すべき」「～であるべき」など、自分の主張を優先させたことが多かったかもしれない。でも、果たしてそれは正しかったのだろうか。

2回目の起業をして、マネジメントに向き合ってみて出した結論は「ほめた方がいい」だ。ほめる割合は7：3の7くらい。

パートナーシップについて考えると、子どもや夫、社員たちは皆、同じ目的に向かってがんばる仲間同士であり、そこに上下関係なんてない。相手をほめることなく、力ずくでコントロールしようとすると、相手の自発性や自立性を奪い、思考停止状態に陥らせてしまうのかもしれない。

そんな仮説を立てて、新しい会社を立ち上げてから、私はスタンスを変えた。相手のいいところを見つけたタイミングで、すかさずほめるように努力した。お客さまからおほめの言葉をいただいたときは、その仕事に関わった社員をほめる。「お客さまが○○さんにかけられた『○○○』の言葉で癒やされた、と話してたよ」など、具体的なエピソードを交えて伝えるようにした。見えないところで積み重ねた努力をほめられるのは、どんな人でも嬉しいはずだから。

お客さまだけではなく、社員が別の社員をほめるのを聞くと、メッセンジャーでも口頭でもなんでも構わないので、忘れないうちに伝えておく。

こうして**「ほめの循環」が生まれると、社内の空気が格段に良くなると気づいた。**言葉にはパワーがある。**心からのほめ言葉は、それを受け取った人の栄養分になり、心が満たされるようになるのだ。**

一方で、ほめることとは無縁の環境で、「ほめられたい」「認められたい」と思う人ばかりが集まると、組織は疲弊するのかもしれない。「もっともっと認められたい」という感情にとらわれると、ポジション争いが発生し、奪い合う結果をもたらしてしまうのではないか。誰かに愛を与えると、気づけば自分に返ってくるのと同じように、ほめる言葉を先に与えると「ほめられたい」「認められたい」というギスギスした気持ちは消えていく。

クレーム社会といわれる昨今。深刻度の差はあれど、会社にとってお客さまからクレームが寄せられるのは日常茶飯事だろう。クレームに対応し、お客さまからお叱りを受けるのは社員だ。社外から怒られるのに加え、社内でもまったくほめられず、怒られるばかりだと、息苦しくなるに決まっている。

私たちは、お客さまの気持ちを受け止める心の余裕を持っていなければならない。受け止めることで、課題に向き合う意欲が湧き、よりサービスが発展するからだ。だから、まずは社員の心を満たしたい。そして、**自分自身のためにも、関わる人たちとの間で「ほめの流通量」を増やし続けたい**と思う。

ほめる効果はそれだけではない。ほめられた相手の能力開発にもつながる。私自身「社長の~なところが好き」「ママは忙しくても笑顔で可愛いところが好き」と、具体的に言われることで、そのポイントが相手を喜ばせていたのかと気づかされる。そして、それをもっと磨こうと努力した結果、長所が自然と伸びていくし、心が癒やされて元気になる。至らないところがあれば直そうと、前向きに思えるようにもなった。

今の時代、心が乾いている人は少なくない。そのぶん、温かいことや楽しいこと、思いきり笑えることの価値が、今まで以上に高まっていくだろう。

ほめる技術を学ぶだけで、会社でも家庭でも、居心地が良くなると思う。自分と関わる大切な人たちのいいところを見つける度に、「いつもありがとう」の感謝の思いと一緒に伝え続けたい。

message 26

ほめを出し惜しみしなければ、みんなと一体化できる。

27/39

［自由になるためのルール］

〝好かれたい〟を捨てて。人間関係の断捨離期は誰にでもやってくる。

chapter3-27

心地良い人間関係を築く方法

「私、結婚したいんです」

婚活に一生懸命な女性と話す機会が多い。婚活パーティーに参加しては「素敵な男性がいない」「なかなか相手が見つからない」とため息を漏らす彼女たち。魅力的なのに、相手探しに苦戦しているのはなぜか。私が気になっているのは、彼女たちが「婚活市場ではこうするとモテる」とされる情報を鵜呑みにして、本来のキャラや魅力、目指すものを無理に曲げていることだ。

ボーイッシュなファッションが好きなのに、男性ウケする白ワンピを着てみたり、ゆるふわキャラを演じてみたり……。明らかに軸がブレている。そんな状態で一度でも簡単に「成果」が出ると、自分を曲げることがクセになる。でも、違う自分を演じるのには限界があり、決して長続きはしない。結婚生活は永遠の高め合いなのだから。

仕事もこれと同じだ。辞めようとする社員をつなぎとめようと、例外措置を取ったり、個人的な要望に応じたりする社長がいる。しかし、当の人物は利ばかりを取り、何食わぬ顔で辞めるし、残った人も権利のようにワガママを言い続けると、相談を受けることがある。

でも、愚かなことをしたのは社長だ。個人的な要望を聞くと、組織内の公平性が失われ、会社の文化やポリシーを貫けなくなるものだ。会社という組織は、事業を通じてどう社会貢献したいかという理念を持っている。それに共感する、自社のポリシーに合うお客さまや取引先企業さま、社員を大事にすべきだ。一方で、そうではない人には場所を自分で見つけて去ってもらい、別の共感してくれる仲間を新たに見つければ、より発展する。信念を貫くことが、互いの健全な成長につながるのだ。

恋愛、仕事と2つの事例を挙げたが、両者に共通するのは「人に好かれるために相手に合わせる」は万能ではないということ。

自分の信念に反してまで人に好かれようとする努力なんて、積み上げたものを失うだけだ。自分の考えや生き方に自信を持てずにいる女性は少なくない。彼女たちは表面上だけ相手に合わせて、そこから先はどうすればいいのかと悩む。

そんな女性たちに私は伝えたい。**人は自分という独自の「色」を発揮するために、一度きりの人生を生きている。**その人自身にとって、矛盾のない生き方をしなければ、人生は成し遂げられない。だからこそ自分の主義やルールを貫き、常に自分らしくいながら周囲に貢献すべきなのだ。

「付き合っておくと仕事をもらえるのでは」「いいことを教えてもらえるのでは」とメリットを期待して、あまり好きではない人と深く関わろうとすると、表面的な化かし合いになり、うまくいかないケースが多い。一方で、心から「いい人だな」と思える相手と付き合うと、結果的に副産物としていいことが巡ってくる。人との関わりにおいて、利害関係ばかりに心が奪われるのは心の疲弊も加速させる。

今やすっかり普及した断捨離だが、**成長し続ける人のもとには、数年に一度「人間関係の断捨離期」がやってくる気がする。**

私は起業後、コンサバな友だちとは話が合わなくなった。経営者として、新たなコミュニティーに入っていかなければならない時期が来ていたからだろう。そのときどきの状況で必要になる人間関係があり、置かれた場所に応じて出会う仲間がいる。無理をしてまで、現状の人間関係に合わせ続ける意味はない。

全員と平等に関わり続けながら、新たなステージになんて進めない。数年後に結果さえ出せば、また元の仲間にも理解してもらえるものだ。私にも3～4年に一度、事業が新たなステージに進むとき、付き合う人々がガラッと変わることがある。もちろん少し寂しいけれど、それが悪いことだとは思わない。

退路を断たずして進めない道もある。永遠に続くものなんてないのだから。人に合わせすぎるのはやめよう。誰かの意見から自由になろう。自分の決断で結果を出そう。それが大人の女性だ。自分自身を磨いて、人間力を高めよう。自分が心から目指す自分になろう。そんな自分で大切な人に向き合おう。一度きりの人生はあなただけのものだ。最高に生きよう。

message 27

ムリに相手に合わせることは、自分をすり減らすこと。そのままの自分で愛されるよう、さらに磨きをかけよう。

28/39

［自由になるためのルール］

「すべての人に信用されたい」は不可能。一人に認められなくても人生は終わらない。

六本木交差点を渡っていると、携帯電話が鳴った。耳を当てると某銀行から。「審査の結果をお伝えします。当行では、御社の口座は開設できません」そう一方的に告げられ、頭が混乱した。街の喧噪のせいで聞き間違いかと思って「融資のお願いではなく、口座開設のお願いですが」と聞き返すと「そうです。できません」ときっぱり。2度目の起業は社会のインフラサービスを目指しているから、すべての銀行と取引しようかと進めていた矢先の出来事だった。

1社目である程度の実績を残したとの自負心もあったから、驚きとやり場のない怒りとわずかな後悔で体中の力が抜けた。ゼロからのスタートを覚悟していたものの、私の信用までがリセットされたのか。滑り出しがこの調子では、前途多難なのではないか、と弱気が頭をもたげてきた。

もちろん、前の会社で付き合いのあった銀行と個人的にお金を預けていた銀行は喜んで口座を開設してくれたから事業に問題はまったくない。でも、1行に断られたショックは思いのほか大きく、その銀行と取引のある知人に話をせずにはいられなかった。せめて理由を知りたかった。

chapter3-28

心地良い人間関係を築く方法

心情を察してくれた知人はすぐに一本の連絡を入れてくれた。すると、その某銀行の別支店から連絡をいただき面会の機会を得た。その際、支店によってルールが異なるため運悪く開設できない事情があったけれどもと、早急に口座を開設してくれた。その上、御社のようなベンチャーを支援したいと、私が以前からお会いしたかった人を紹介してくださった。電話一本をきっかけに、状況は180度変わった。私のことをよく知っていて、信じてくれている知人の打診で、期待以上の展開となったのだ。

そのときに改めて気づいた。他者からの評価は無理に得なくてもいいと。相手の事情もあり、同じ状況でも評価されるときもされないときもある。つまり、評価というのは一面的であり、認められようという努力を最優先すべきではない。ましてやそれに一喜一憂して勝手に絶望したら、未来の可能性の芽を自分で摘んでしまうことになりかねない。就職活動で1社落ちたって、たったひとりの異性にフラれたって、人生は終わらない。

そういえば、こんなこともあった。以前の会社で某VCの出資担当に「あなたの会社のリスクは、結婚しているあなたの妊娠・出産です。だから出資できません」。

心底驚いた。私はそれまで、介護の必要な長女を産んでも、翌年次男を産んでも、創業以来売上を下げたことはなかった。しかも、女性が輝く社会を実現しようとしている張本人にとって、育児と仕事の両立経験は、社会にとっても会社にとってもプラスのはずだ。未来の事業を育てようと思うＶＣはわかってくれると思っていた。

でも、私はすぐに引き下がった。相手は「女性が子どもを産めば仕事どころではない」。そう思って生きている人なのだ。相手の常識を変えるのは難しい。説明してもわからない人と戦って消耗するより、私は他の株主と組むことを選んだ。

このようなシーンは他にもあるだろう。

人は誰しも「信じてもらいたい」生き物だ。肯定は生存の証しでもある。でも、その思いが大きくなりすぎると、信じてもらえないことにイライラしたり、自分を正当化したりするばかりで、前に進めなくなる。

そして、同時に、人は信じたいものを信じ、信じたくないものは信じない生き物でもある。だから、信じてくれない相手に、どんなに働きかけても徒労に終わるのかもしれない。

もちろん、単に願っていれば、人が信じてくれるわけではない。

だからこそ、**口先だけで戦うより、未来に向かって行動する方が近道で生産的だ。行動は絶対にあなたを裏切らない。動いて、前進していれば、必ず誰かが見ている。**

評価を得ること、信じてもらうことは人生の目的ではない。自ら状況を切り拓き、自分の想いを形にしていくのが人生だ。そうやって続けていれば、いつかあなたの信じていたものが、誰もが目に見える形となり、結果で証明され、すべてがひっくり返る。

そして、そのときなによりも、その状況に、あなたが一番癒やされ、満たされ、真の評価を得るはずだから。

message 28

誰しも自分の基準で考える。だから、あなたも自分の基準で結果を出せばいい。

29/39

［自由になるためのルール］

あえて敵を作る必要はない。争いは無意味だから。

chapter3-29

心地良い人間関係を築く方法

人間とはどうしてこうも、対立構造を作りたがる生き物なのか。そして、二者を対立させては、傍観者として面白がる人も少なくない。しばしば注目を集めるのは、ベビーシッター論争や男女論争だろう。

確かに2つのものを対立させると、わかりやすい構図になるかもしれない。どちらが正しいか、どちらが正しくないか、いわゆる勝ち負けを決めるバトルだ。でも、そこからなにが生まれるのか。争って相手を打ち負かしたところで、一体どんな新しいことが始まるのか。

そもそも人は生きているだけで、他人から反感を買うことがある。もちろん原因はその人にもあるのかもしれないが。たとえば自慢話が多い人や相手を軽んじる発言をする人、何かにつけて反論したがる人、皆で取り組んだことなのに、自分だけの手柄であるかのように話す人……彼らはいつしか見えない敵を作っているタイプだ。敵になった相手はいつかぎゃふんと言わせたいと思っているものだから、何ひとついいことはない。相手の心に負の印象を植えつける言動には意味がないのだ。

では、発展性のない争いをやめて、生産的な状況にするために、私たちはなにをすべきなのか。**相手との共通項を見つけること、がその解となる。そうすれば、対立構造を作ることなく、物事を発展させられる。**

上司と部下、夫と妻の衝突もそうだが、**正しい・正しくないという問題ではなく、お互いにどうしたいのか、どうなることを目指しているのかといったゴールに向かって、話のベクトルを変えることが、とても大切なのではないか**と思う。

そのことを強く意識したのは、2度目に起業したタイミングだ。前の会社を経営していたときは、事業がマーケティングだったこともあり、人の心を動かし行動をよび起こすのが仕事なので、インパクトのある言葉が好んで受け入れられていた。

対して、今やっているベビーシッターの事業は、子どもの命や教育を預かること。お客さまは企業に限らない、ありとあらゆる人々だ。その上で、私たちが目指しているのは、社会のインフラのような欠かせない存在になること。だから、全方位に対して、信用を獲得し積み重ねる必要がある。そのためにも「論に勝って、心を動かすことに負けている」よりも「論に負けてもいいから、心を動かすことに勝つ」方を選ぶこともあろう。

chapter3-29

心地良い人間関係を築く方法

どうしても論に勝とうとする人はいる。確かに正論だけれど、それをあえて言わなくてもいいのに、と見ていて残念に感じる瞬間は、私にもときどきある。

たとえば、長い歴史のある会社に入社して、非効率な（と思える）仕事の進め方がなされていると感じたとき、「どうしてこんなやり方をするんですか？　効率が悪いですよ」なんてバッサリ斬るのはよくない。確かに方法としては「イケてない」かもしれない。でも、その会社はそのやり方で会社を運営し続けて、人をたくさん雇用し、社員に給料を支払ってきた実績がある。そして、事業を通じて、日本社会の発展に貢献してきた。それなのにすべてを否定するような言い方をすると、今までがんばってきた人たちは嫌悪感を抱くに決まっている。

私自身も、スタンスとして変えたことがいくつかある。たとえば、社員とのコミュニケーションでは、一人ひとりの個性を認めて、長所を見つけては、積極的にほめ言葉を口にするようになった。たとえば「○○さんはできるね」と言うと、そう言われなかった社員の心に、嫌な塊を残してしまう。だから、発する言葉には慎重になり、対立や比較を想起させないよう意識している。社員は一番の味方であり、身内であり、すべてを知っている仲間だから、その関係性をないがしろにしないよう、常に気を配っているのだ。

対社会においても、少しでも対立を想起させるコメントは控えるようになった。以前なら「競合（の会社）はどこですか？」「○○会社と似ていますね」などと言われたら、自分たちの会社がその会社と比べて、どこが優れているかを主張していた。無意識下で比較して良いと思われたかったのだろう。

しかし、今は「弊社のサービスは～という理由で、○○な人に向いている。A社のサービスは～という理由で、○○な人に向いている」といった言い方に変えた。こうすれば対立は生まれないし、敵を作ることもない。それに実際、誰にとっても100点のサービスなんてないし、どちらが絶対にいい、なんてことはないからだ。

敵を作ってもメリットはない。自分を憎み、恨む人間が一人でもいるだけで、いつ足元をすくわれるかわからない、面倒以外の何物でもない。だから、敵を作らない生き方やふるまいを、日頃から心がけてほしい。最後に、私が頭に置いている偉人たちの名言を引用しておく。

「人間嫌いを直す簡単な方法は一つしかない。相手の長所を見つけることだ。長所は必ず見つかるものだ」(デール・カーネギー)

「敵をなくす一番簡単な方法は友達になってしまうことだ」(エイブラハム・リンカーン)

message 29

短期的には対立構造かもしれないけれど、長期的には協力できるのが人生。だから、あえて敵を作る必要はない。

30/39

［自由になるためのルール］

人生から悪口を排除しよう。
代わりに発するのはプラスの言葉。

chapter3-30

心地良い人間関係を築く方法

アイドルは悪口を絶対に言わない。内心では対象者をどんなに嫌だと思っても、言った本人のイメージダウンにつながるから、口にしてはならないと徹底して教育されているのだという。アイドルは大多数の人から愛され、好かれる存在を目指さなくてはならないからだ。代わりに誰かに対するほめ言葉をよく口にするよう教えこまれているという。そうすることは、自身のイメージアップにもつながるからだ。

ネット上でそんな記事を偶然見つけて、興味深く読んだ後、なぜ人は悪口を言ってしまうのか、言葉として発した結果、どんな害をこうむるのか考えてみたいと思った。

女性の中には「人から好かれたい」「愛されたい」と願いながらも、思いとは裏腹に、つい悪口を口にしてしまう人がいる。そこには「共感されたい」「ストレスを発散したい」といった意図がある。しかし、悪口は言ってもなにひとつ、プラスの効果をもたらさない。必ず自分に残念な形で返ってくる。

たとえば、女子会でいくら「上司Aの○○なところが悪い！　嫌い！」と言おうと、上司を変えることなんてできない。他にもマイナスの効果はたくさんある。まず、発した悪口は相手に間接的に伝わることが多いが、聞いた人が嫌な気持ちになったり、恥ずかしい思いをしたりすることは確実だ。結果、悪口を言っていた人に対して、心の中で恨みを抱く。言われた側は長い間、わだかまりが残るのだ。

もちろん、言った本人のイメージも悪くなる。周囲に対し「あの人、悪口を言う人なんだね」といったネガティブな印象を与えるだけではなく、「私も言われてしまいそう」「少し面倒くさい人なのかも」と警戒されたり、距離を置かれたりする可能性もある。

その場の空気が悪くなったり、ときには凍りついたりもするし、一緒にいても居心地が悪い相手だと思われかねない。たとえ、盛り上がったとしても、非生産的な話題だからなにも生み出さない。むしろ、マイナスのサイクルができてしまう。

さらに、その場にいて悪口の内容に同調していた人ですら、「あの人が上司Aの悪口を言っていた」と告げ口をしたらどうなるか。なんらかの事情で旗色が変われば、悪口は負の武器として利用されることも知っておきたい。

一時的にイライラが高まり、わずか一瞬のマイナスな感情に支配され、悪口を言葉にしてしまう――。

chapter3-30

心地良い人間関係を築く方法

そんなことはもうやめよう。

悪口は「人に好かれたい」といった思いとは逆方向へ人を向かわせる。言葉にすることで、心のバランスをなんとか保とうとしているのかもしれないが、あえて厳しい言葉を使うと、自分の弱さに負けているだけだ。

逆に、自分が悪口を言われた場合についても考えてみよう。応戦したくなる気持ちはわからないでもないが、相手に悪口をかぶせたところで、心の弱い人同士でケンカが始まるだけ。参加しているとき、決していい気分にはならないだろう。

ではなにが適切な対応なのか。対応を初級・中級・上級の順に3つ紹介しておきたい。まずは、悪口を気にしないことだ。「そういうことを言う人もいるんだな」と理解した後、華麗にスルーすればいい。

どうしても気になる人は、周囲の誰かに相談しよう。専門家でもいいかもしれない。「○○と悪口を言われて、ざわついた気持ちをどうすれば抑えられるでしょうか」と聞いてみる。フォローの言葉が返ってきて、モヤモヤした思いを消化したり、沈静化したりできるはずだ。

悪口を言う人に対して、甘い言葉をかけられるようになれば、もう上級者の域だ。「気にかけてくださりありがとうございます」「ご指摘に感謝します」「そんなふうに思わせてしまいごめんなさい」など、余裕を持った態度でふるまえる。

最初は「悪口は気にしない」を徹底しよう。そして、悪口を言われることがあたりまえだ、と思っておくといい。人生がうまくいっている、成功している人ほど悪口を言われるものだから。

メンタリストのＤａｉＧｏさんもＴｗｉｔｔｅｒでこう発言している。

「魅力的な人はあらゆる憎悪の対象となる、だから魅力的であるためには心が強くある必要がある。魅力的であるということは、あなたのことをろくに知らない人から、根も葉もないことで恨まれるようになるということだ。あなたの魅力を潰されないように、才能を伸ばすだけでなく、心も強く鍛え上げよう」（Ｔｗｉｔｔｅｒから引用）

悪口を排出したり、吸収したりするのは、今日でやめてしまおう。ポジティブな言葉の数々を出し入れする方が、人生を確実に好転させるのだから。

30 message

悪口を完全卒業したら、
あなたはもっと人間関係上級者になれる。

31/39

［自由になるためのルール］

自分に足りないもの、失敗の原因を自問自答する。その時間が人間をアップデートさせる。

chapter3-31

心地良い人間関係を築く方法

これまでどれだけ恵まれた環境にいて、安定した道を歩いていたんだろう――。リクルートと楽天という2つの会社を経て社長になった私は、困難にぶち当たったとき、そのことに気づかされた。

リクルート時代の上司は、部下の心を上手にくすぐって、意欲を高めてくれるマネジメントに秀でた人だった。彼の言うことを聞いていれば、自分は成長できるという安心感に包まれていたから、目の前の仕事に全力を注ぐことができた。

楽天時代は新規事業を創る役割を担った。三木谷浩史社長がくれるインスピレーションのおかげで、楽天大学をはじめ次々と創り出した新たな事業は、どれもうまくいった。

どちらの会社でも、自分ひとりの力で成果をあげたわけではない。周囲の素晴らしい方たちのサポートがあったから、成し遂げられたこと。当時は進むべき道を会社が用意してくれていたのだ。

自分の会社を立ち上げると、基礎となる「地盤」から作るのはもちろん、これから真っすぐ進んでいく方向も自ら探さなければならない。さらに、社員が安心して道を歩けるよう心を砕き、盛り上げることすら、社長自らやる必要がある。

うまくいかなくて落ち込んでいるときに、モチベーションを上げて自分を導いていくのも、ほかならぬ自分の仕事である。初めの頃、それは怖かったし、思い通りにいかないこともあったけれど、今はそういった自らの意思であらゆることを決めていく生き方を選んで良かったと、心から思う。

自立とは「この人が導いてくれる」「あの人に聞けばうまくいく」と誰かに頼ってステップアップするのではなく、成長する手段や方法すら自ら選んで切り拓いていくことだ。自分が歩む道から作り、果たして自分にはなにが足りないのか、どうやったら自分が成長するのかなど、すべて自分の頭で考え、決めなければならない。

だから、**なんらかのトラブルに巻き込まれたとき、失敗をしたとき、自分になにが足りなかったためにそうなったのか、なにが原因だったのかを見つめ直す作業は欠かせない。**

「相手が変な人だったから仕方がない」と片づけたり、見過ごしたりするのは簡単だ。そこで終わらせることもできる。でも、100%相手が悪いと片づけてしまっては、

chapter3-31

心地良い人間関係を築く方法

なんの気づきもなく、なんの成長もない。トラブルの原因がほとんど相手にあったとしても「もし、もう一度同じ出来事が起こらないようにするには、自分ができる最善はなにか？」と、1％でも、自分に修正できる点はあるはずだから、多少痛みを感じたとしても、自らの内面を針で突き刺すかのようにして、自分の改善すべき点を見つけなければ、自分で自分を成長させることはできない。

私は、毎朝の支度タイムを思慮の時間に充てている。自分の身に起きたあらゆることを、自問自答する習慣となっている。

ある日、前日につきつけられた理不尽な条件交渉のことを考えていた。10年以上昔の出来事の記憶を塗り替えられ、存在しなかった出来事に同意のサインを求められた。お世話になった人だから役に立ちたいと心をくだいたけれども、まったく意味がわからなかった。そのとき、鏡の中の自分の顔を見て、「自分が毅然とした態度をとっていなかったことが原因ではないか」と気づいた。

相手は私に対して「たとえ理不尽なことでも、自分が困っているのだから、経沢さんは、頼めば言うことを聞いてくれるはずだ」と思っていたのだろう。それは私自身の弱さが招いた結果だと感じた。自分で言うのも変だが、私は情にもろいところがあり、困っている人を放っておけない。それにつけ込んで、演技をしてくる人もいた。ついつい「私が損すればいいや」と頼み事を聞いては、何度も同じようなことで失敗し、嫌な思いをしてきた。

そんないくつかの類似する経験を思い出し、なぜそうなってしまったのか深掘りしてみると、私は、いろいろな人に入り込まれやすいのかもしれない――つまり私には隙があるのではと思い至った。多種多様なタイプの人が寄ってくる＝親しまれやすい＝美徳だと捉えていたのだけれど、そうではなかった。私の場合、過度に隙があることが、相手に罪をつくらせてしまうことにつながったのだろう。自分の人生ならまだしも、組織に与える悪影響もあったのかもしれない。

自分の中に持っている常識やルールも、年齢を重ねるにつれ、さらに置かれた環境に合わせて、再構築しなければならないときがやってくる。そのようなバランス感覚は、自分を見つめ、状況を客観的に見つめることで、適切な解へと導かれる。

朝、メークをしているとき、女性は鏡の中にいる自分を見つめる時間がある。まずは、メーク時間を活用して、自分と静かに対話することから始めよう。

31 message

**あなた自身と向き合えば、
あなたはもっと輝ける箇所を見つけることができる。**

32/39

［自由になるためのルール］

人の言葉よりも行動を見よう。すべては自分から始まる。

chapter3-32

心地良い人間関係を築く方法

「裏切られた……」「話が違う！」

彼氏が浮気した。離婚したいと突然言われた。貸したお金が返ってこない。仕事内容が聞いたものと違う。こうした世の中のトラブルはなくならないし、その大半は人間関係のこじれからくるのではないか。

連日のワイドショーで、涙の会見や謝罪シーンに思わず惹きつけられるのは、大なり小なり自分に当てはめて考えてしまうからなのか。もし、そんな目に遭いたくなかったら、行き着くところ「人を信じるか、信じないか」そんな問題になるのではないか。

女性部下を持つことが多いからか、よく相談される。「付き合いたいと言ってきたのは彼なのに、元の彼女となかなか別れようとしない」「子どもが生まれるのをとても楽しみにしていたはずの夫が、妊娠中や出産後の育児には、びっくりするほど非協力的だった」など。

男性がイニシアチブを握る場合が今も少なくないので、女性は相手の行動に振り回され、人生の転機がやってきたり、我慢を強いられたりするケースが多いように見える。

かくいう私も、ビジネスにおいては、散々な出来事を経験した。仕事をお願いした相手と一切連絡がとれなくなったり、とんでもない契約内容で多額のお金を払うはめになったり……。書けないようなこともあった。

経済的な被害なら、たとえ甚大でも物理的な傷で終わる。でも「自分たちは仲間だから」「ずっと一緒にがんばろう」など、心を酔わせる言葉ですり寄ってきて、はしごを外されると、誰を信じていいかわからず、疑心暗鬼になるし、心もすり減るだろう。


でも、今、自分の出来事を振り返って思う、それらはすべて、私の未熟さに起因しているのだと。相手側にそれなりの事情があったのかもしれない。約束した当時とは状況が変わって、それを果たせなくなったり、無知だったり、私のことを多少の裏切りで傷つくタイプではないと思っていたりしたのかもしれない。

とはいえ、甘いトークに酔わされ、心を許したのは自分だ。結局、信じると決めたのは自分だった。いや、もしかしたら私は、信じさせてほしかったのかもしれない。「相手の言った通りだったらいいな」。そんな期待に胸を膨らませて、ちょっとした違和感に目をつぶっていたのではないか。そんなとき、私は自分の心しか見ていなかったのだろう。本来なら相手の心を見るべきなのに。

目を向けるべきは、その人の言葉ではなく行動だ。目的や想いが一緒なら協力関係は構築しやすい。そして、重要なのは、簡単に発せられる言葉ではなく、嘘をつけない行動だ。

「騙された」とトラウマにして、他人のせいにするのは簡単だけど、せっかくだから、未来の自分を輝かせるための糧にしよう。嫌な目に遭うのも人間関係だが、人生の素晴らしい転機やエネルギーやパワー、愛をくれるのも、この上ない幸福感をもたらしてくれるのも、また人間関係だから。

次はもっとよく見よう。ちゃんと向き合おう。言葉ではなく行動を見ればいい。核心から逃げずに話し合えばいい。期待値をすり合わせればいい。

もちろん、完璧な人なんていない。自分が信じられる部分とそうでない部分に分けて考えていくことも大切だ。そして、なによりも人を信じたかったら、まず一番に、自分が信じてもらえる生き物であることを意識しよう。もちろん、言葉ではなく行動で。

私もまだまだ未熟だけれども、より正しく美しい行動を日々積み上げていこうと意識している。そうすれば、永遠に人は磨かれ、そして輝きを保ち続けられると考える。それは、旧知の信頼関係を強固にするばかりでなく、常に新しく、素晴らしい出会いが、絶え間なくもたらされる人生を約束する。そんな素敵なご褒美がついてくるのだから。

message 32

見るべきは相手の言葉ではなく行動。
自分が示すべきも、言葉ではなく、行動。

chapter 4

自分だけの美しさをつくる

33/39

［自由になるためのルール］

女性の美しさとは、
積み重ねた経験から湧き出るもの。
だから、年齢という概念にとらわれない。

chapter4-33

自分だけの美しさをつくる

2016年の4月に43歳を迎える。自分でも驚くほどの年齢だ。女性としてどこまで通用するのか不安が頭をよぎらないでもないけれど、年を重ねるたびに「20代半ばの自分も好きだったけれど、今の自分の方が好きだなぁ」と心から感じていることに気づく。

その理由を紐解いてみると、自分自身に対する信頼が日に日に湧いてきていることが大きい。自分は自身の人生における唯一のパートナーだ。1歳ずつ年を重ねるにつれて、自分とうまく付き合える自分になった。自分を自分の思うようにコントロールできるようになって、自分を連れていきたい場所にうまく運べるようになってきたというか。そういう実感を持ってから、人生が楽しくなった。

でも、私も女性だ。もちろん年をとるのがうれしくない時期もあった。いつまでも若くいたい、綺麗でいたい。若さが美しさであり、人生の可能性だと年齢に執着していた時期もあった。

でも、そんな若い時期は、自分を持て余したり、自分を上手に取り扱えない時期でもあった。確かに若さはあったけれど、人生がままならなかった。

一般的に女性にとって節目の年ともいわれる30歳になる前は、正直なところすこし怖かった。でも、赤信号みんなで渡れば怖くないの気持ちでなんとなく集団心理で乗り越えたように思う。

次に本当の恐怖心が芽生えたのは35歳頃。妊娠していたのに、離婚してシングルマザーになったとき。会社も人生も転換期だったからだ。なにもかもうまくいかない。体も疲れやすくて、精神的にも不安定になった。もしかしたらどん底にいたのかもしれない。女性としても岐路に立たされ、ビジネスパーソンとして試練の頃だった。まるで第2の思春期のような日々。

それでも、人生は続いていくのだ。パートナーがいなくなっても、若さを失っても、仕事で失敗しても、時間は誰にとっても平等に重ねられていく。

当時、私は人生から逃げたかった。苦しかったから誰かのせいにしたかった。自分の置かれた状況を呪いたかった。でも、そこにはなんの生産性もないことに気づいた。だから、逃げたい気持ちをぐっとこらえ、自分の足で踏ん張ることに決めた。背負う

chapter4-33

自分だけの美しさをつくる

ものが大きいから逃げられなかったのかもしれないけど。まず、やったらやったぶんだけ裏切らない「仕事」に愛情と情熱を傾けることにした。人が恐怖や不安などの負の感情を抱くのは自然な現象だから、そのエネルギーを全部、心身ともに自立へと向けたのだ。

とにかくしっかり生きようと心に決めて、体のトレーニングも再開した。苦しくても未来に少しでも可能性を見つけられるように思考を転換した。いつでも無理にでも笑顔をつくった。美容皮膚科にも通って、肌のお手入れも怠らなかった。美容面でのケアにも気を使って、悪あがきかもしれないけれど、納得できる自分でいられるように自分の気持ちと人生に真っ正面から向き合った。

そんなとき、サイバーエージェント社長の藤田さんに「苦労した人の方が魅力的だよ」と言われて目が覚めた。そうだ、人生は経験から成り立つのだ、後戻りなんてしなくていいんだ、若さに魅力があるのでもない、人の魅力とは経験の積み重ねから醸し出される雰囲気なのだと気づいた。

それなら苦労も歓迎しよう、毎日、美しい積み重ねをしよう、**自分が脚本家となっ**

て、自分を主人公とした人生という舞台を演出しよう。そう決めた。

人生は自分で創り上げる一冊の小説であり、最高の作品なのだ。

だからこそ「自分はこういう人生を生きたい」という強い思いこそが大事なのだ。誰かが標準化した生き方の真似をする必要はない。

そんなふうに意識を変えてから、毎日が楽しくなった。人生は必ず良くなると信じられたし、好転していくシナリオを考えて演じればよかったから、時間さえあればすべてが良い経験へと昇華された。年齢を重ねるにつれて、実りの多い生き方ができるようになった。

誕生日に開けてもらった私と同じ年齢のワインは誰もが絶賛する美味しさとその希少性で驚くほど高い値がつけられている。そんな生き方をしよう。重ねれば重ねるほど価値を出す豊潤な女になろう。年齢は記号にすぎない。年齢という重荷は下ろしてしまおう。それは、自分から自由になるための近道だから。

33 message

年齢は記号にすぎない。
人の魅力とは経験の積み重ねから醸し出される雰囲気。

34/39

［自由になるためのルール］

髪、肌、体型を整えよう。しなやかな美人は自分でつくれる。

chapter4-34

自分だけの美しさをつくる

「美人の価値は年間120万円」。そんな調査結果を見たことがある。美人だと、奢ってもらったり、プレゼントをもらったりする機会が多く、それを金額換算したデータだとか。美人は貨幣価値かいと思わず突っ込みたくなるけど、現実をイメージすればわからなくもない。

「自分がもっと美人だったら」。誰もが一度はそう願い、美容整形外科のホームページをしげしげと見つめたことがあるのではないか。私は小学生の頃、経済的に自由になったら、やりたいことの一つに美容整形があった。全身脱毛して、目を大きくするのだ。つるつるお肌に、くりくりお目々。ついでに胸も大きくしてグラマーにして。そうすればもっとすごい女性になれると思った。

実際に大人になって、テレビで整形番組を食い入るように見ていたけれど、メスを入れるのが怖くてまだチャレンジしていない。整形で格段に綺麗になれる人もいたけれど、その人になじんでいない顔は「美人」とは言い切れない。違和感もあった。「おまえは、たいした美人じゃないけど、それぞれが平均だから全体としてはまあまあ」。そんな言葉を投げかけられて、そうか美人は顔のパーツじゃなくて、全体の印象なんだと腑に落ちた。そして、いつしか自分の顔にも慣れ、美容の知識も増えて、私はメスを入れなくても別人のように綺麗になれることを学んだ。

数年前に「キレナビ」という美容皮膚科のクーポンサイトを開設し、新規事業として取り組んだ。あんなに美人になりたくて悩んでいた自分のために、メスを入れる前にできることがあるよ、忙しい女性も手軽に美人になれるよと、エステ以上整形未満のコンセプトで、美容皮膚科で手軽に1万円前後でできるフォトフェイシャルや、シミ取りレーザー、ヒアルロン酸注射、ボトックス、脂肪溶解注射などのメニューを取り揃えた。

実はこれは私の実体験にもとづいている。頬の真ん中にうっすらとシミがあって、それがかなりのコンプレックスだった。ある日、美容皮膚科のお肌つるつるの美人医師に「このシミ簡単に取れるよ」とレーザーで取ってもらった私の肌は真っ白でつやつやに。あのシミ一つが自分の心や肌を重くしていたのだと、霧が晴れるように「これは多くの女性に知らせなくては」とひらめいた。それが「キレナビ」(綺麗になれるクリニックのナビゲーションという意味)。東京と大阪に美容皮膚科を総勢20人以

chapter4-34

自分だけの美しさをつくる

上のメンバーで開拓し、お医者さんたちに交渉し、最も安い金額で施術を提供してもらった。「日本美人化計画」と銘打って、大々的にプロモーション。編集長にカリスマブロガーを抜擢し、100万人以上が訪問してくれる人気サイトに成長した。

サイトが話題になりすぎて、医療広告やさまざまな規制に、上場企業としてはリスクが取れなくて撤退したが、日本中のコンプレックスを持っている女性を手軽に救える神手段だと、本当に使命に燃えて頑張った（現在は他社へ売却）。

こんなにも美人になりたくて、そのためにはどんなリスクも背負えると思って、整形を何度も検討した私が行き着いたのは、造形へのこだわりではなく「美肌」というシンプルな手段だった。それは、高級化粧品を使うことでも、美肌に見えるファンデーションを使うことでもなく、定期的な美容皮膚科でのお手入れ（私はピーリングとイオン導入、頑張ってフォトフェイシャル）と運動。

私は今、週に1時間ほど加圧トレーニングをやっている。そして週1回は溶岩ヨガで汗を流す。加圧はダイエットにいいというのは有名だけれど、成長ホルモンが出るから若返ったり、美肌になったりするという効果が私には大きい。もちろん、体のラインも美しくなる。なによりも肌がふわふわで綺麗になる。それも、顔だけじゃなく全身。汗をかけばデトックスになり、肌が内側から輝く。

女性の先輩がこう言っていた。**美しく見えるのは簡単だと。「髪のツヤ」「肌のツヤ」「だらしなくない体型」、その3つをきちんとしておけばいい**のだと。その言葉にうならされた。日本の女性は美しい。スキンケアに多大なお金をかけている。でも、もしできるならその一部を運動に回してみてほしい。心も体も引き締まって健康になるし、全体的な美人度合いがグンと増すはずだから。

美人は金額換算ではなく、自分の人生のクオリティーを上げるものだ。まずは運動から始めて、しなやかな「美人」を自分でつくっていこう。

message 34

女性が輝くのは簡単。定期的な運動を取り入れるだけでいい。心も体も美しくなる。

35/39

［自由になるためのルール］

美しいボディライン、筋肉こそ極上のドレス。ファッションやメークよりも体作りに力を入れよう。

「おまえ、女子プロレスラーみたいだな」

フロアの向こうから、上司の机に近寄ってくる私が、彼の目にはのっしのっしと迫ってくるように映ったのだろう。私が自分では俊敏な動きをしていたつもりだったとしても。

リクルートで働いていた頃、私の体重は今より＋10kgもあった。身長が167㎝と高くて体型がどっしりしていると、相当な存在感があるようだ。女子大生の頃は華奢だった私が、あっという間に太ってしまった原因はストレスだ。初めて向き合う営業の仕事で数字に追われる日々。一日も早く結果を出したくて、始発で出勤し終電で帰宅するのはあたりまえ。とにかく仕事ばかりしていた。

仕事は楽しかったし、職場も気に入っていたが、無意識のうちに焦りやストレスがたまっていったのだろう。その発散のため飛びついたのは食だ。帰り道、コンビニで自分がそのとき食べたいなと思うものを買い込んだ。なぜか、甘いものばかり。ケーキやシュークリームを寝る前に頬張ると、一瞬幸せな気持ちになった。ストレスを短期的な欲望で瞬間だけ満たすような生活を続けていると、体型はみるみるうちに変わっていった。まるで自分の生活が恥ずかしく露呈していくように、私は肥大化してしまったのだ。

それまで、二十数年間の人生で、太っている時期がなかったぶん、気づいたときの体型の変化は、私に大きなショックを与えた。周囲にはいつも笑顔を向けていたけれど、つらすぎて心の中では泣いていた。営業の合間に、大金をはたいて耳つぼダイエットに通ったり、通販で怪しいダイエットグッズを購入したり、休日はわかめスープだけで生活してみたり。でも、生活スタイルが変わらないからか、体型は「努力しているのに」という自分の気持ちとは裏腹にびくともしなかった。

転機が訪れたのは24歳頃のこと。転職し、引っ越した部屋のそばにジムがあり、通い始めたのがきっかけだ。かなり苦労したけれど、体重は大学時代の「ベスト数値」に戻った。それから今まで、妊娠・出産の時期を除き、女子大生のときの体重を20年以上キープしている。

体重は正直だ。「自分にとってコンディションがいい状態」を知り、それを維持することが美容であり健康の基盤なのだと気づいたのは、ベスト体重に戻してから。体重という指標は目で見てわかりやすく、多少の波はあっても数値を保っていれば健康面でも美容面でも問題は起こらない。一方で、リクルート時代の私のように、ストレスや生活の乱れを止められなくなると、太るばかりではなく体調までが悪くなってしまう。

私は現在、毎日朝体重計に乗っている。自分のベスト体重から±2kgの範囲で変化を見ていて、「○kgを超えたらコンディションが悪くなる」という危機意識を持って、日々調整している。

長い間、ベスト体重をキープし続けて思うことがある。それは、**最大のお洒落は洋服やメークではなく、体（スタイル）そのものだということ。**体は生活習慣によって作られるから、日々の意識や心がけ次第でいかようにも変えられる。まずはベスト体重を維持する生活を心がけよう。そうするうちにだんだん体調が良くなって、さらに「体にいいことをしている」こと自体に幸せを感じるようになり、もっと工夫していく……といった流れができる。

体重計に乗ること以外に、簡単にできて、私が取り組んでいる体にいいことがある。

1つめは、家の中に鏡をたくさん置くこと。180㎝くらいの大きな鏡にしよう。Amazonなどで気軽に買える。私は、リビングとベッドルームと玄関に置いている。いつも自然と自分の体型が目に入り、肉付き度合いを確認できる。無意識に気持ちが引き締まり、太りづらくなる効果があるように思う。

2つめは、十分な睡眠時間を確保すること。睡眠不足は太りやすくなると聞いて、できるだけ毎日7時間は眠る。睡眠は脳のストレスも取り除いてくれるというから一挙両得だ。

3つめは、食事に気を使うこと。働いていると外食の機会が多いので、調整は大変かもしれない。それでも炭水化物の量を減らしたり、暴飲暴食してしまった翌日はサラダなどローカロリーな食事を中心にいただいたり、水をたくさん飲んでお腹を満たしたりと、翌日は「元に戻す」食生活をすれば、体重増加は食い止められるはず。

4つめは、定期的に運動すること。私は、週1回は加圧トレーニングをトレーナーをつけて、欠かさず続けている。その他には溶岩ヨガやマッサージなどにも定期的に通う。

そういった**小さな習慣を続けていると、自分にとってベストな状態の体が維持され**

「形状記憶」される。多少体重の増減があっても、少し気をつけるだけで、元に戻りやすくなるのだ。

いろいろな習慣を紹介したが、**とくに女性に習慣化してほしいのは運動だ。**ウォーキングにランニング、ヨガ……どんな運動でも構わない。体型を維持する効果はもちろん、体の動きも軽やかになるし、いつまでも若々しくいられる。心も安定する。とはいえ、忙しいと運動の優先順位は下がるため、ジムの近くの部屋に引っ越したり、会社帰りに立ち寄ったりと、生活の中に運動を組み込んでほしい。

自分にとってベストな体を保ち続けることは、「最高のコンディションで生きること」だ。最高の人生は最高のコンディションからできるし、もう二度と太らない体が手に入れば自信にもつながる。人生に必ずプラスの影響をもたらす。一生付き合っていく自分の体――それがいい状態であるよう、こまめにメンテナンスをしよう。その人自身を象徴する体は、その人の美学や生き方を伝えるものなのだから。

35 message

毎日の習慣が、あなたを形作る。
毎日丁寧に生きている人は美しくなれる。

chapter 5

自分らしいパートナーシップの作り方

36/39

「自由になるためのルール」

自分が自分らしくいられる男性が理想のパートナー。

chapter5-36

自分らしいパートナーシップの作り方

結婚したいと思える相手と会うと、彼と夫婦になりたくて、彼にとって最高に居心地の良い環境を作ろうと、並々ならぬ努力をしてしまうタイプだ。恋愛指南本も読み漁り、彼に「香保子は結婚したら、僕にここまで良くしてくれるんだ」と思ってほしい自分がいた。

常に頭にあったのは、朝は美味しいコーヒーを淹れよう、料理は週○回しようなど、彼を満足させるためのアイデアだった。彼に心地良い暮らしを提供することが、自分のミッションだと信じて、自己犠牲を払ってしまう自分。

外見面でもがんばった。彼に愛される綺麗な女でいるために、ベストな体重・体型を維持しようと気を使った。美容は私自身も楽しみながら取り組んだいい努力だったけれど、その他は彼に好かれたいという目的が先走り、無理していた感は否めない。

なによりもやりすぎると長続きしないし、自分が卑屈になってしまう。相手に目が向きすぎて、自分の人生を生きることをおろそかにしていたこともあった気がする。でも今は、自分の基準をねじ曲げてまで、パートナーになにかをやってあげたいと思う必要なんてない、と身をもって感じている。

結果、長続きしないだろう。「私はこんなに尽くしているのに……」といった思いが生まれ、自分のしてきたことがバカバカしくなってしまうこともある。

誰かと付き合う醍醐味は、お互いを高め合いながら成長していくことなのに、付き合うこと自体が苦しくなって、私が間違っていたのかなと、自分を責めてしまう時期もあった。

結局このスタンスではうまくいかないとわかり、大きく2つの気づきを得た。一つは、**お互いのことを尊重し、それぞれの人生を心からほめ合えるような関係を作ること。**そうでないと、男女間のパートナーシップは成り立たない。

ほめるという行為にはパワーがある。「(男性から)愛されたい」と思う女性は多いけれど、では相手の男性をどれくらい愛している、と自信を持って言い切れるだろうか。同様に「ほめられたい」と思うなら、相手をほめることは必要不可欠だ。

ただし「彼の方が収入が多いから」「彼の方が肩書が上だから」と、ほめるときに卑屈な心を持ってはいけない。真の意味で自立した女性なら自分に自信を持って、彼の努力を見て、認めて、素直にほめるだけでいいのだ。そうすれば、相手からもほめ

chapter5-36

自分らしいパートナーシップの作り方

言葉が返ってくる。そうやって、ほめ合える関係を作り上げていってほしい。

とくに、安定成長なんて期待できない現代において、多くの男性は漠然とした不安感と闘っている。このまま成功し続けられるか、社会から評価され続けるかなど、悶々とした感情を抱く彼らは、そばにいる女性にこそ一番認めてもらいたいのだ。

中でも経営者はとくに孤独な職業だと思う。社員からほめられることなんてほとんどない。自立した女性は、彼らが特異な状況で奮闘しているのを理解できるから、彼女たちにほめられることは、男性たちにとって喜びにつながるのだ。

もう一つは、**自分を歪めず、自分にとって心地良い付き合いができる相手を選ぶこと。**自分らしさを失ってしまうような相手を選ぶと幸せになれない。お互いが自分らしくある状態を認め、愛を与え合える相手でないと、どちらも自分らしい人生を切り拓いていけなくなる。

昔の私は、本来の自分らしさを封印し、やりたくないことに力を注いでいた。そこまでして目の前の男性に愛されたら、女性としての自分の価値が上がると思い込んでいた。それは結局、男性への依存に他ならない。

今の私は、相手が誰でも自分が相手に対して、したいと思うことだけをやっている。無理したり、自分を偽ったりするのは一切やめた。そして相手の人生も大切にし応援するけれど、自分の人生もしっかり自分の足で手で強く創り上げる決意もできた。「私が私らしくいられる相手とパートナーになろう」。そう割り切ったら心が楽になり、自分らしさを取り戻せ、自分の人生も楽しくなった。すると自然と周囲の人たちへの愛情も増えた。この姿勢が男性ばかりでなく周囲との人間関係を心地良いまま長続きさせるコツだと、私は信じている。

message 36

男性への依存心が消えたとき、女は究極の自由になれる。

37/39

［自由になるためのルール］

恋愛も結婚も、選ばれるのなんか待たずに自分から。

2度の離婚に3度の出産。40歳のときに再び独身となり、恋愛市場に放り出された私。この条件は厳しい。しかも職業は「社長」。修羅場もたくさん乗り越えてきたからすっかり自立している私。恋愛についてはちょっと諦め、フタをしていた部分があった。

そもそも私は恥ずかしながら、恋愛経験が少ない。初の彼氏は大学生のとき。その後、25歳で一目惚れした相手と5年付き合い、30歳で結婚、今に至る。仕事は毎日充実しているけれど、プライベートはやや物足りなく過ごしていた最近、ふと、初めて男性とお付き合いした二十歳《はたち》の春を思い出した。

中学、高校と「超」のつく進学女子校で過ごした私は、男性に対する免疫ゼロの、まさに箱入り女子大生となった。青春時代を勉強にささげ、浪人までして合格をもぎとった慶應義塾大学経済学部。第二外国語は中国語。教室には、50人中女子はたったの2人だった。

私はおめでたい期待に満ちていた。まわりは男子ばかり。こんな環境なら、素敵な

chapter5-37

自分らしいパートナーシップの作り方

慶應ボーイの王子様たちが自然と私を見つけてくれて、一番素敵な人と恋愛が始まって……。しかし、である。それどころの騒ぎではなかった。

もう一人の女子は、慶應女子高あがりのラクロス部員。モテの王道をいく、まさにお姫様だ。服の着こなしも、仕草も、そして髪の一本一本まで、とにかくかわいい！ものすごいオーラである。おまけに、本当に育ちのいい子というのは、びっくりするほど性格までいい。私まで惚れてしまいそうなパーフェクト女子だった。

一方の私は、どうにもさえない。クラスに2人しか女子がいないので、当然、男子からの視聴率は2人に集中。そして、視聴率争いの完全なる敗者として（もはや、私は男子の視界にすら入っていない）、つけられたあだ名は、「つね吉」。ある意味、人気者だったが、これで男子の仲間入り確定。

しかし、そんな私も恋をした。ある日、上級生との合同ゼミ。コの字型に配置された机の向こう側に、一人の先輩が、後光がさしていてオーラ全開（と、私には見えた！）。口元に笑みをたたえ、座っていたのである。目が合った瞬間、完全にハートを打ち抜かれた。

私、この人好きだ。心が言っている。必死で先輩の情報を集めた。親は建築家、田園都市線沿線のセレブタウン在住、中学から慶應生。毎日、黒のセリカのオープンカーで、華麗に通学。当然、ものすごくモテていた。

私のほうは、超庶民。バイトに勤しみ、部活もガッツリ。千葉から通い、門限は23時。何度も諦めようかと思ったが、もう、好きすぎて無理だった。そんな中、彼が有名お嬢様学校の女子大生と別れたという情報が。やった、フリーの期間は短いはず、なんとかしよう。相変わらず女子力に自信はなかったけれど、もう、待つのをやめた。自分で動けばいいんだ。自分から視界に入り、自分で告白しよう。

ゼミを通じて、お互いを知ったタイミングで2人で飲みに行くことに。話が止まらなかった。育った環境は違うけれど、共感できた。何時間か話して「好きです」と自分から伝えた。お付き合いを前提に会うようになり、間もなく恋人同士になった。彼とは就職やらいろいろあって結局お別れしてしまったけれど、彼からたくさんのことを学び、おかげで最高の大学生活を送ることができた。

今、自分自身を含め、仕事に関しては前のめりなほど積極的な女性も、こと恋愛に関しては受け身になることが多い。でも、**相手から来るのを待っていたら、チャンスを逃す。**モテないことを嘆いていたら、素敵な男性が目の前にいても「どうせ無理」と無意識にターゲット外にしてしまうかも。

自由に生きていきたかったら、仕事だけじゃなく、恋愛や結婚も「この人」と思う人を自分で見つけて、自分で動いて、自分の気持ちをまず伝えよう。傷つくことを避けて、素敵な男性を逃す方がよっぽどもったいない。そう気づいた。大学生の私に勇気をもらって、久しぶりに、恋愛市場にも前のめりぎみに出てみようかな、なんてね。

message 37

恋愛がうまくいきやすい人は、素直に正直な気持ちを言える人。

38/39

［自由になるためのルール］

彼に尽くしたり、合わせたりするより、
理想の自分を追求し続ける女性が、
輝く存在になれる。

chapter5-38

自分らしいパートナーシップの作り方

自分のことを「尽くす女」だと思う女性は気をつけた方が良い。「彼のためになんでもやってあげたい」と尽くしすぎる女性は、恋愛においてバランスを崩しやすい。最悪の場合は、ふたりの間でバランスが取れなくて、「彼は尽くされて散々得してきたのに、結局結婚までいかなくて、私だけすごく損している。あんなにがんばったのに！」なんて怒りに震えるケースもちらほら。

そこまでいかなくても、恋愛が始まると、相手に合わせるあまり、自分の「基盤」をおろそかにしてしまう女性は少なくない。仕事をがんばっていたり、友達を大切にしていたり、ジムに通って運動していたりしたのに、それらをおざなりにしてしまうのだ。

彼に自分の時間を一極集中させると、いきすぎれば「重い女」に変わることすらある。恋愛は麻薬みたいなものだから、最初は良いとしても、自分の人生だって毎日進んでいるのだ。時間を意思の力でコントロールしなければ、最悪の場合、仕事や友達を失う可能性もあるというのに。

確かに恋愛は人を成長させるから、好きな相手との時間を大事にするのは、決して悪いことではない。でも、相手の言うことをすべて聞いたり、相手の都合にばかり従ったりしていると、結果的に自分を迷走させることになる。

ここで改めて、彼はどうしてあなたと付き合っているのか、振り返って考えてみてほしい。彼は「あなたが自分に尽くしたから」「あなたが自分に合わせたから」という理由で交際を始めたつもりはないだろう。「今のあなたを気に入ったから」「好きになったから」という理由で、付き合い始めた人がほとんどだと思う。

だから、彼と出会ったときのままの生き方を保ってもよい。むしろ、自分を高め続けてほしい。それがあなたの魅力を高めることだ。その結果、彼は惹き付けられ続けるし、あなたの人生の成功確率も上がる。万が一不幸にも、相手と別れたとしても、あなたにはちゃんと自分の道があるし、努力して輝いている、そのときのあなたを魅力的だと感じる人には必ず出会える。逆に今までのペースを崩すと、自分らしい輝きを失ってしまうだけだ。

女性たちよ、もっと自信を持とう。今は自信がないのであれば、自信をつけること

chapter5-38

自分らしいパートナーシップの作り方

に時間を費やしても良いだろう。仕事でも趣味でも良いから、まずは唯一無二の目指すもの、大事にするものを持とう。

夢や目標、軸など自分の人生を形作るものが明確になれば、大好きでたまらない相手と付き合っていても、互いに目標に向かって励まし合い、支え合い、高め合うことができる。

あらかじめ相手と約束しておくのも良い。彼に合わせるのではなく、自分の生き方を優先して「毎週◯曜日は会うけれど、その他はお互いの都合が合えばね」と、ふたりの間でゆるい決まりを設けておけば、連絡が来ないと悶々とすることなく、自分のやるべきことに邁進できるだろう。

以前、オンラインサロンで「ファンづくり」について書いた。その内容をかいつまんで説明すると、ファンが増える人とは「(ファンに)迎合する人」ではなく、「私はこういう生き方をしています」「こういうものを目指しています」「こういうビジョンを掲げています」と語れる人だ。理想の自分を追求し続け、自分の未来を輝かせるために時間やお金を投資し、オリジナリティーあふれる人生を創る人が、支持される対象になる。
会社も同様で「お金をたくさん生み出します」「収益を出します」とアピールしたら寄ってくる人はファンではなく、利益を求めて近づいてくるだけの関係で終わる相手。

だから「特定の誰かに好かれたい」とか「不特定多数の人からモテたい」「注目されたい」という思いを持つのはやめよう。その気持ちをバネに努力するのではなくて、**シンプルに「自分はこんな人生を実現したい」と定めてそれに向かって生きていると、大事にしてくれる人やファンが自然と現れる。**確固たる自分軸を持つ人のもとに、人は集まってくるものだから。

message 38

自分を生きている女性こそ、その人らしく輝き、人を魅了する。

39/39

［自由になるためのルール］

他人に依存してキラキラ輝くなんて虚しい。自ら光を放つ人生を送るために心を磨こう。

「男性から豪華な食事を奢ってもらった」「ブランド物をプレゼントしてもらった」といった内容をＴｗｉｔｔｅｒに綴る「キラキラアカウント」と呼ばれる女性たち。中でも目立つ存在だった一人の女性が、詐欺容疑で逮捕されたことは世間の注目を集めた。彼女は多くの人を騙してまで、輝いて見える世界にい続けたかったのだろう。

しかし、私は思う。豪勢な食事を食べられるのは、相手の方のおかげであり、してもらったことを感謝するならばいいが、我がことのように自慢するのは、あまり上品な行為とは思えない。「（たくさんのものを与えてくれる男性と）付き合えば良い、結婚すれば良い」という考え方にも違和感をおぼえる。たとえパートナーになっても、お互いは所有物ではないし、相手は依存され続けるばかりでは、その存在意義に疑問を持つだろう。

そもそも若いというだけで注目されたり、羨望の眼差しを受けたりするのが女性の性。若いときはなぜチヤホヤされるのか自覚がないかもしれないが、その理由を冷静に考えてみてほしい。「若くて綺麗でかわいいから」が答えである。

そのことに向き合わずに、誰かになにかをしてもらうことが当然だと思うようになると、人生は、悪い方向へと向かっていく。相手に対する感謝の気持ちがなくなり、無礼な態度を取ってしまうかもしれないし、相手は食事の先を期待している可能性だってある。

さらに怖いのは、年齢を重ねても「綺麗だから良いでしょ」「女性だからしてもらって当然」といった態度を貫いて、相手に返すものがなければ、人は離れていく。そのままの考え方で、若いときのように注目されなくなると、原因がわからないが故に、成長するチャンスも失う。

外見の美しさで、男性から長い間もてはやされることに慣れてしまうと、30代近くから漠然とした恐怖感を抱く女性もいる。このまま男性から重宝され続けると予想していたのに、若くて綺麗な女性たちが次から次へと出てきて、次第に自分には声がかからなくなる。そんな状況で「早く結婚しなきゃ」と焦るのだ。

そんな不安を払拭するには、若さは期限付きの資産ではあるが、実力ではない、と自覚する必要がある。確かに若さはそれだけで魅力だが、それは永遠ではない。一方で、長続きするのは、努力して勝ち取った内からにじみ出る美しさだ。それが人の心を動かす。

だから、心を丁寧に磨いていこう。**誰かになにかをしてもらったら、それ以上の感謝の気持ちを伝えよう。**してもらった大きさは、自分がしてあげるべき大きさと自覚しよう。たとえば、**いただいた分を「成長でお返し」するよう努めることはカッコいい。**たとえば、ゴージャスな食事を奢ってもらったら、浮いた食事代を自分の内面を鍛える投資に回すとか。それを報告したなら、奢ってくれた相手も喜んでくれるのは間違いない。奢られっぱなしでなにもしない女性と、感謝や恩返しの姿勢を持ち続ける女性との差は、将来的に大きく開く。

体型でたとえるとわかりやすい。若いときにはさほど運動をしなくても体はたるまないけれど、35歳を過ぎて運動ゼロの暮らしを送っていると、ボディラインは確実に崩れてしまう。だから体と同様、心を高める努力を日頃から怠ってはならないのだ。若い頃に他人の手で輝かせてもらうことは誰しもあるかもしれない。だけど、そこから発せられる光はあくまで表面的な輝きにすぎない。**努力して仕事のスキルや経験、自信、経済的基盤などを積み重ね、「中身」を良質なもので詰めている人こそ、時間の経過とともに、内側からまばゆい光を放つようになる。**

誰かの「本命」になれる女性は、表面を磨いているだけの女性ではない。感謝の気持ちを忘れず、いつでも相手の立場に立って公平に物事を考えることができる、そして、人や社会の役に立てる女性、自ら生産する力を持つ女性だ。そんな女性と一緒にいると、心地良いばかりではなく、「自分にも良いことがありそう！」とプラスの感情が生まれる。他者から多くのものを与えてもらいたがるより、自ら泉のように湧き上がる女性——本当の輝きは後者に宿る。

message 39

男性に輝かせてもらおうを卒業したら、あなたは真の輝きを放つ人になる。

あとがき

今はまさに「女性の生き方」が変革のとき

最後までお読みいただきありがとうございました。

どのような感想を持ってくださったでしょうか？

私は、多くの人生経験をさせていただきましたが、うまくいったことよりも、失敗したことの方が多くて、自分の心の中にしまっておきたいことがたくさんありました。

そう、そんな失敗のどん底にいたとき、41歳で再び人生の再スタートを切ることを決意した時期に、「すべての女は自由である」というテーマでこの執筆依頼をいただいたのです。

「私にうまく書けるかな」そんな躊躇する気持ちもありました。

でも、再起を図るのであれば、心の中にしまっていたことをきちんと見つめ直し、しっかりと言語化し、つかみ取った学びとして、表現すること。それも多くの方の目に留まるように連載という形で書くということは、とても恥ずかしいけれど、大切なことのように思い、引き受けました。

書きながら、難しさを感じることもありました。まだ私自身も成長途中なので、こんなことを言える立場でもないと思いながら書くこともありました。

でも、書きながら、いつしか私は「もう自分はすっかり自由なんだ」「そうだ、理想の人生は誰の目の前にもあるんだ」そう改めて思うようになったのです。

自由。

本書の核であり、本文中にも幾度となく登場した言葉です。

女性に生まれた私は、なんと自由な時代に生まれたのだろうと感謝の気持ちが胸に湧いてきます。母親の時代、祖母の時代とくらべてどんどん自由になっています。

でも、それでも、もっと自由に生きたいと願う方は、現実社会で違和感をおぼえたり、居心地の悪さを感じているかもしれません。おそらく、それは個性です。それでいいのだと思います。個性を発揮してこそ、あなたの人生なんです。

自由を謳歌するには、自分らしさを発揮することです。

自分らしさを発揮するとは、自分の決断で一歩踏み出すことです。

自分で自分を幸せにすることです。自分の人生の重い責任を軽やかに持ち上げるパワーを自ら作ればいいのです。

まさに、私自身はそうでした。自分が感じる方向に、たとえ、周囲が反対しても、自分の心が思う方向に、突き進むとき、何度か壁を乗り越えれば、そこには自分らしい人生があり、自分の理想の場所がありました。

今はまさに「女性の生き方」が変革のときです。

不安に思う必要はありません。**本書を読んでくださった一人ひとりのみなさんが、**

すこしでも勇気を得てくれて、オーダーメイドの自由な生き方を実現し、自分と周囲を幸せにし、未来を明るく照らす存在になってくれたら嬉しいと思います。

それが次世代のロールモデルなのです。そう、あなた自身があなたのロールモデルになればいいのです。

人生は他でもない自分が創りだすものです。

私と一緒に、自由な発想で、心からの発想で、一度きりの、人生を創りあげていきましょう。

そして、一人ひとりが自分らしく生きるロールモデルになって、「女性が輝く」未来を創っていきましょう。女性こそ自由だと。「すべての女は、自由である。」と。

2016年4月

経沢香保子

本書は、『ＤＲＥＳＳ』２０１４年12月号～２０１６年２月号に連載されたもの、及びＷｅｂマガジン「Ｐｒｏｊｅｃｔ ＤＲＥＳＳ」に連載されたものに、大幅な加筆修正、書き下ろしを加え、１冊にまとめたものです。

［著者］

経沢香保子（つねざわ・かほこ）

株式会社カラーズ代表取締役社長。
桜蔭高校・慶應義塾大学卒業。リクルート、楽天を経て26歳の時に自宅でトレンダーズを設立し、2012年、当時女性最年少で東証マザーズ上場。
2014年に再びカラーズを創業し、「日本にベビーシッターの文化」を広め、女性が輝く社会を実現するべく、１時間1000円～即日手配も可能な安全・安心のオンラインベビーシッターサービス「キッズライン」（https://kidsline.me/）を運営中。
著書に、『自分の会社をつくるということ』（ダイヤモンド社）などがある。
日々の発信：https://note.mu/kahoko_tsunezawa
Facebook：https://facebook.com/kahokotsunezawa
Twitter：https://twitter.com/KahokoTsunezawa

すべての女は、自由である。

2016年４月21日　第１刷発行

著　者――経沢《つねざわ》香《か》保《ほ》子《こ》
発行所――ダイヤモンド社
〒150-8409　東京都渋谷区神宮前 6-12-17
http://www.diamond.co.jp/
電話／03･5778･7227（編集）03･5778･7240（販売）
装丁――――矢部あずさ（bitter design）
撮影――――Junko Yokoyama（Lorimer management＋）
ヘアメイク―荻山夏海（KAUNALOA HAIR & MAKE）
製作進行――ダイヤモンド・グラフィック社
印刷・製本――ベクトル印刷
編集協力――池田園子
編集担当――土江英明

ISBN 978-4-478-06862-5

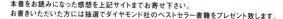